权威·前沿·原创

皮书系列为
"十二五""十三五""十四五"时期国家重点出版物出版专项规划项目

BLUE BOOK

智库成果出版与传播平台

就业蓝皮书
BLUE BOOK OF EMPLOYMENT

2023年中国本科生就业报告

CHINESE 4-YEAR COLLEGE GRADUATES' EMPLOYMENT ANNUAL REPORT (2023)

主　编 / 麦可思研究院

社会科学文献出版社
SOCIAL SCIENCES ACADEMIC PRESS (CHINA)

图书在版编目(CIP)数据

2023年中国本科生就业报告/麦可思研究院主编；王伯庆，王梦萍执行主编. -- 北京：社会科学文献出版社，2023.6
（就业蓝皮书）
ISBN 978-7-5228-1799-6

Ⅰ.①2… Ⅱ.①麦… ②王… ③王… Ⅲ.①本科生－就业－研究报告－中国－2023 Ⅳ.①G647.38

中国国家版本馆CIP数据核字（2023）第085941号

就业蓝皮书
2023年中国本科生就业报告

主　　编 / 麦可思研究院
执行主编 / 王伯庆　王梦萍

出 版 人 / 王利民
责任编辑 / 桂　芳
责任印制 / 王京美

出　　版 / 社会科学文献出版社·皮书出版分社（010）59367127
　　　　　 地址：北京市北三环中路甲29号院华龙大厦　邮编：100029
　　　　　 网址：www.ssap.com.cn

发　　行 / 社会科学文献出版社（010）59367028
印　　装 / 三河市东方印刷有限公司

规　　格 / 开　本：787mm × 1092mm　1/16
　　　　　 印　张：14.75　字　数：219千字
版　　次 / 2023年6月第1版　2023年6月第1次印刷
书　　号 / ISBN 978-7-5228-1799-6
定　　价 / 128.00元

读者服务电话：4008918866

▲ 版权所有　翻印必究

就业蓝皮书编委会

研究团队　麦可思研究院
　　　　　　南方科技大学高等教育研究中心
主　　编　麦可思研究院
执行主编　王伯庆　王梦萍
撰 稿 人　王　丽　曹　晨　王昕伦　谌　超　孙雪琦

学术顾问 （按姓名拼音字母排序）

别敦荣　厦门大学教育研究院院长

陈　宇　国家教育咨询委员会委员

储朝晖　中国教育科学研究院研究员

管远志　北京协和医学院教育研究与发展中心主任

韩　蔚　南方科技大学高等教育研究中心研究教授

胡瑞文　国家教育咨询委员会委员

李海峥　中央财经大学中国人力资本与劳动经济研究中心主任

汤　敏　国务院参事室参事

王辉耀　国务院参事室参事 / 中国与全球化研究中心主任

邬大光　中国高等教育学会常务理事 / 厦门大学教授

谢作栩　厦门大学—麦可思中国高等教育数据中心主任

叶之红　中国高等教育学会原副秘书长

叶志明　中国高等教育学会大学教学研究分会副理事长

查建中　教育部新工科建设工作组成员

周光礼　中国人民大学教育学院教授

摘 要

《2023年中国本科生就业报告》由1篇总报告、9篇分报告、2篇专题报告及附录构成，对本科生毕业去向、就业结构、就业质量、职业发展、升学情况、灵活就业、能力达成、对学校的满意度等状况进行深入分析。分析基于应届毕业生和毕业中期跟踪评价。

本报告对2022届本科毕业生的毕业去向和就业结果进行了分析。分析显示，2022年全国高校应届毕业生规模首次突破1000万人，面临较大的就业压力，多重超预期因素给应届本科毕业生的就业带来了困难，虽然硕士研究生扩招一定程度上缓解了当前部分就业压力，但读研后的就业压力也已逐渐显现。2022年，装备制造、能源供应、基础设施建设等行业依然在就业市场中起到"压舱石"的作用；民营制造企业在吸纳毕业生就业方面发挥着重要作用；长三角、珠三角地区凭借较强的产业实力和活跃的民营经济，为本地和外地高校毕业生均提供了更多就业机会。数字技术的发展不断催生新产业和新业态，毕业生在工业互联网、大数据、云计算、人工智能等新兴领域的从业比例逐年上升。此外，分析还显示，就业难使得更多人选择通过读研延缓进入竞争激烈的工作市场；公务员招录人数持续增加，更多应届本科毕业生选择不工作而备考公务员，留学归国人员和毕业研究生也更倾向于加入公务员队伍，就业求稳心态更加明显，"慢就业"成为新趋势。

报告同时深入分析了本科毕业生的就业质量与职业发展状况。分析显示，应届本科毕业生的薪资水平稳步提升，数字经济核心产业如软件开发、智能设备制造、集成电路和信息基础设施等领域薪资表现突出；与新能源汽车、

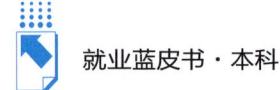

新材料和绿色低碳等产业相关的专业薪资增长较快；在毕业五年后，毕业生薪资平均达到毕业时的 2.2 倍。本科毕业生的就业满意度持续上升，这得益于国家和地方的一系列就业优先政策落实以及高校线上、线下就业指导服务模式的不断完善。随着工作经验的积累，毕业生在薪资增长的同时，职位及工作职责也得到相应提升，工作内容更趋于多元化；此外，毕业生职场的稳定性有所提高，但高压工作环境导致的离职人数增多，对职场健康发展问题需给予更多关注。

本报告还对本科毕业生的能力达成情况及对学校满意度进行了深入分析。分析显示，应届本科毕业生能力达成效果不断提升，其中理解与交流能力表现较为优秀。然而，针对数字经济的快速发展和产业数字化转型，随着技术迭代和工作岗位的快速更替，毕业生在创造力、解决复杂问题、主动学习等能力方面，以及信息素养和数字技能方面仍有待加强。毕业生对学校教学、学生工作和就业指导等方面的满意度逐年攀升，校园内各项学习和生活设施对其成长和成才过程的支持力度不断增强。同时，分析还显示，随着产业优化升级的深入推进，本科培养环节亦需相应完善，尤其要关注课程内容的调整和更新。对于近年来新兴的战略产业相关专业，更需关注培养环节的持续改进效果。

关键词： 本科生　就业结构　职业发展

Abstract

The 2023 China Undergraduate Employment Report consists of one general report, nine sub-reports, and two special reports, providing an in-depth analysis of the destinations of undergraduate graduates, employment structure, employment quality, career development, further education situations, flexible employment, competency achievement, and satisfaction with schools. The analysis is based on the evaluations of fresh graduates and mid-term follow-ups after graduation.

The report analyses the destinations and employment outcomes of undergraduate graduates in the class of 2022. The analysis reveals that in 2022, the number of university graduates in China exceeded 10 million for the first time, facing substantial employment pressure. Multiple factors beyond expectations brought difficulties to the employment of fresh graduates. Although the expansion of master's degree students has somewhat eased the current employment pressure, the pressure after postgraduate study is gradually emerging. In 2022, industries such as equipment manufacturing, energy supply, and infrastructure construction continued to act as "ballast stones" in the job market. Private manufacturing enterprises played a vital role in absorbing graduate employment. The Yangtze River Delta and the Pearl River Delta, with strong industrial strength and vibrant private economy, provided more employment opportunities for both local and non-local university graduates. The development of digital technology continues to spawn new industries and new business forms, with the proportion of graduates working in emerging fields such as the Industrial Internet, big data, cloud services, and artificial intelligence increasing year by year. Furthermore, the analysis also reveals that the difficulty of employment has led more people to enter the competitive job market by pursuing postgraduate studies. The number of civil servants continues to increase, more fresh graduates choose not to work and prepare for the civil service examination instead, and returnees and overseas postgraduate students are more inclined to join the civil service team. The mentality of seeking stable employment has become more apparent, and "delayed employment" has become a new trend.

At the same time, the report delves into the employment quality and career development of undergraduate graduates. The analysis shows that the salary level of fresh undergraduate graduates has been steadily rising. Salaries are particularly high in core digital economy industries such as software development, intelligent device manufacturing, integrated circuits, and information infrastructure. Professions related to new energy vehicles, new materials, and green low-carbon industries see faster wage growth. Five years after graduation, graduates' average salary has reached 2.2 times that of their graduation. The job satisfaction of undergraduate graduates is on the rise, thanks to the implementation of a series of employment priority policies at the national and local levels, as well as the continuous improvement of both online and offline employment guidance services provided by universities. With the accumulation of work experience, graduates have seen a corresponding promotion in their positions and occupational skills while their salaries increase. The content of their jobs tends to be more diverse. Besides, the stability of graduates in the workplace has improved, but the number of resignations caused by high-pressure working environments has increased, and the healthy development of the workplace needs more attention.

The report also conducted an in-depth analysis of the competency achievement and satisfaction with schools of undergraduate graduates. The analysis shows that the competency achievement effect of fresh undergraduate graduates has been

Abstract

continuously improving, among which the ability to understand and communicate is particularly outstanding. However, in response to the rapid development of the digital economy and the digital transformation of industries, with the rapid replacement of technology and job positions, there is still room for improvement in graduates' creativity, ability to solve complex problems, initiative to learn, information literacy, and digital skills. The satisfaction of graduates with teaching, student work, and employment guidance has been increasing year by year. The support from various learning and living facilities on campus for their growth and success has been continuously strengthened. Meanwhile, the analysis also shows that with the deepening of industrial optimization and upgrading, improvements need to be made in undergraduate education, especially the adjustment and update of course content. For emerging strategic industry-related majors in recent years, more attention should be paid to the continuous improvement of the training process.

Keywords: Undergraduates; Employment Structure; Career Development

目 录

Ⅰ 总报告

B.1 本科毕业生就业发展趋势与成效 …………………………………… 001

Ⅱ 分报告

B.2 本科生毕业去向分析 ……………………………………………… 008
B.3 本科毕业生就业结构分析 ………………………………………… 025
B.4 本科毕业生收入分析 ……………………………………………… 045
B.5 本科毕业生就业满意度分析 ……………………………………… 081
B.6 本科毕业生职业发展分析 ………………………………………… 096
B.7 本科毕业生读研和留学分析 ……………………………………… 118
B.8 本科毕业生灵活就业分析 ………………………………………… 134
B.9 本科毕业生能力分析 ……………………………………………… 140
B.10 本科毕业生对学校的满意度分析………………………………… 163

就业蓝皮书·本科

Ⅲ 专题报告

B.11 扩招背景下本科生读研趋势和就业分析 …………………… 176

B.12 面对重点产业和社会需求的专业调整分析 ……………… 188

附　录　技术报告 …………………………………………………… 207

致　谢 ………………………………………………………………… 214

皮书数据库阅读**使用指南**

CONTENTS

I General Report

B.1 Analysis of the Employment Development Trends and Achievements of Undergraduate Graduates / 001

II Sub Reports

B.2 Analysis of the Destinations of Undergraduate Graduates / 008
B.3 Analysis of the Employment Structure of Undergraduate Graduates / 025
B.4 Analysis of the Income of Undergraduate Graduates / 045
B.5 Analysis of Job Satisfaction of Undergraduate Graduates / 081
B.6 Analysis of Career Development of Undergraduate Graduates / 096
B.7 Analysis of Postgraduate Study and Studying Abroad of Undergraduate Graduates / 118
B.8 Analysis of Flexible Employment of Undergraduate Graduates / 134

就业蓝皮书·本科

B.9　Analysis of Competency of Undergraduate Graduates　　/ 140

B.10　Analysis of Undergraduate Graduates' Satisfaction with School　　/ 163

Ⅲ　Special Reports

B.11　Analysis of Postgraduate Study Trends and
　　　　Employment under the Background of Enrolment Expansion　　/ 176

B.12　Analysis of Discipline Adjustment Facing Key Industries and
　　　　Social Needs　　/ 188

Appendix　Technical Reports　　/ 207

总报告

General Report

B.1
本科毕业生就业发展趋势与成效

摘 要： 受多重超预期因素影响，应届毕业生就业难度不断加大。研究生扩招在一定程度上缓和了部分就业压力，但同时也给研究生培养和就业带来了挑战，滞后就业压力已逐渐显现。越来越多的毕业生选择攻读研究生来规避就业压力和延缓进入就业市场，导致读研人数不断攀升，竞争愈加激烈。首次和多次考研失利的情况变得更加普遍，且"逆向读研"的现象愈加明显。一定程度上，就业难问题促使高校加大学科专业结构优化调整的力度。一批不适应经济社会发展需求、与高校办学特色和优势不符的专业被逐步淘汰，而面向战略新兴产业和就业优势明显的专业成为新增专业的焦点。民营企业仍是毕业生就业的主力军，民营制造企业在稳就业方面发挥了不可替代的作用，相关扶持政策亦可进一步完善。

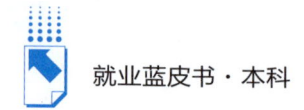

面对产业优化升级的深入和外部就业环境的变化，本科培养环节需持续改进，以更好地支持毕业生的就业和发展。

关键词： 应届本科毕业生　就业　研究生扩招　学科专业结构优化

麦可思自2007年开始进行大学毕业生跟踪评价，并从2009年开始根据评价结果每年出版"就业蓝皮书"，迄今已连续15年出版"就业蓝皮书"。本报告基于应届毕业、毕业三年后、毕业五年后的跟踪评价数据，分析本科毕业生的就业发展趋势与成效，回应政府、媒体、本科院校师生以及社会大众关注的问题，并为本科人才培养的持续改进提供参考建议。

一　应届本科毕业生"延迟就业"的现象增多

2022年，我国高校应届毕业生规模首次突破1000万人，就业压力持续攀升。经济社会发展面临多重超预期因素的影响，导致毕业生就业难度进一步加大。在这种背景下，硕士研究生招生规模持续扩大，为应届本科毕业生提供了更多升学机会。数据显示，近五年应届本科毕业生读研比例逐年上升，2022届达到了17.9%，相比2018届（14.7%）[①] 上升了3.2个百分点。当然值得注意的是，伴随着研究生的扩招，"考研热"持续升温，报考竞争更加激烈。在"求职难"和"考研难"的双重压力下，毕业生去向落实呈现新的变化特点。

（一）读研后续的就业压力需给予更多关注

1. 为延缓就业选择读研现象增多

从应届本科毕业生选择读研的原因来看，追求更好的就业前景和职业发

[①] 解读中提到的往届数据，均出自相应年份的"就业蓝皮书"。

展依然是其选择读研的主要原因，2022届分别有52%、47%的人因就业前景好、职业发展需要而读研。与此同时，毕业生为躲避当下就业压力、延缓进入就业市场而选择读研的现象增加，2022届因就业难暂时读研的比例（22%）相比2018届（17%）上升了5个百分点。"逃避式考研"的现象需给予适当关注。

2. 读研后的就业压力逐渐显现

应届本科毕业生读研虽暂时缓解一部分当下就业压力，但在一定程度上增加了2~3年后，即硕士毕业后的就业压力。通过对2015~2019年应届本科毕业后读研群体的持续跟踪评价发现，其硕士毕业后（大致对应2018~2022届硕士毕业生）从事专业相关工作的比例呈下降趋势，从2018届的74%下降至2022届的69%，而同期就业的应届本科毕业生工作与专业相关度持续上升（2022届达到74%）。另外，读研人数的增加给相关培养单位的师资和教学资源带来压力，后续研究生的学习、科研以及求职就业情况可持续关注。

（二）应届和往届生考研失利的情况更加普遍，"逆向读研"现象增加

考研竞争加剧下，应届、往届毕业生考研失利的情况更加普遍。结合历年硕士研究生考试报名人数与教育部公布的硕士研究生招生人数可知，硕士研究生考试报录比逐年提升，从2018年的3.1∶1升至2022年的4.2∶1，报考难度不断增大。应届本科毕业生首次考研失利的情况更加普遍，根据麦可思应届本科毕业生跟踪评价，应届本科毕业生暂不工作计划境内考研的比例从2018届的2.8%上升到2022届的6.7%，翻了一番多，其中超八成已参加过研究生考试。往届生考研失利的情况也在增多，2019届毕业后准备考研的本科生群体中，三年内成功考上研究生的比例（41.5%）相比2018届同期（43.1%）进一步下降。

"双一流"院校毕业生"逆向读研"现象增多。考研难度的逐年攀升使得一部分"双一流"院校应届本科毕业生做出向下兼容的选择，即考取非"双一流"院校硕士研究生（也称"逆向读研"），该比例从2018届的3.8%上升到了2022届的5.8%；从主要学科门类来看，"双一流"院校法学、医学、艺

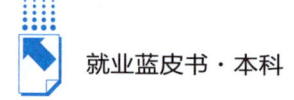

术学、文学应届本科毕业生"逆向读研"的比例相对较高（近三届合计分别为12.8%、12.8%、12.6%、10.8%）。

（三）毕业生考公务员的意愿更强、竞争加剧

在研究生扩招的同时，公务员、事业单位招录规模的扩大也是稳定就业的重要举措。以国家公务员考试为例，其计划招录人数自2020年起连续增加，这也强化了毕业生的考公意愿。当然与此同时，报考人数进一步增长，竞争更加激烈。据推算，应届本科毕业生中，不工作而备考公务员的人数逐年增加，2022届约有7.5万人，是2018届（约3.1万人）的2.4倍。另外，毕业研究生以及留学归国人员也更加青睐体制内工作，通过对2017届毕业后境内读研、留学群体进行五年后跟踪评价发现，其在政府机构/科研或其他事业单位就业的比例（分别为39%、20%）相比2016届同期（分别为37%、15%）均有不同程度提升，这也使得应届本科毕业生考公务员竞争和难度进一步增加。

二 高校优化调整学科专业结构是稳定和促进毕业生更高质量就业的关键

稳定和促进毕业生就业不仅需要拓宽就业渠道和加强就业帮扶，同时也需要高校根据自身办学特色，持续优化调整学科专业结构，以更好地适应国家战略、区域经济和社会发展需求。近年来，我国高等教育学科专业结构调整深入推进，2018~2022年，本科院校新增审批和新增备案专业共计9926个，主要关注战略新兴产业，同期撤销专业共计3030个，主要涉及不适应经济社会发展、不符合高校办学特色与优势的专业。

（一）新增专业聚焦新一代信息技术、智能制造等领域，就业优势较为明显

战略新兴产业专业毕业生就业优势显著。在全国应届本科生毕业去向落实面临较大压力的情况下，面向战略新兴产业的专业社会需求保持相对稳定，

这类专业 2022 届本科毕业生毕业去向落实率（90.7%）明显高于全国本科平均水平（86.0%）。与此同时，战略新兴产业相关专业毕业生就业质量呈现较为明显的优势，其 2022 届本科毕业生毕业半年后月收入为 6406 元，较五年前增长 18.9%，均高于全国本科平均水平（2022 届月收入 5990 元，较五年前增长 16.7%）。

新增专业聚焦新一代信息技术、智能制造等领域。从新增专业所属的专业类分布来看，计算机类（如数据科学与大数据技术）、电子信息类（如人工智能）、机械类（如智能制造工程）专业新增数量较多，2018~2022 年分别新增了 1047 个、743 个、544 个。这些专业主要面向新一代信息技术、智能制造等战略新兴产业，是毕业生整体就业情况较好、高考志愿填报热度较高的专业类型。

（二）撤销专业与高校办学特色、优势不符，毕业生就业压力较大

2018~2022 年撤销较多的专业一般呈现社会需求较少、办学水平有限、生源不理想等特征，对于开设在非对口院校的专业，这样的特征更为明显，例如工科院校的部分人文、社科、艺术类专业（如服装与服饰设计、社会工作、公共事业管理）以及非工科院校的部分理工类专业（如信息与计算科学、工业设计、网络工程）。

以撤销数量较多的公共事业管理专业为例（五年内共撤销 97 个），该专业 2022 届毕业生的月收入（5313 元）、就业满意度（70%）、工作与专业相关度（53%）均低于同类专业平均水平（管理学月收入 5843 元，就业满意度 75%，工作与专业相关度 67%）；此外，工科院校开设的公共事业管理专业毕业生毕业去向落实率（2022 届 81.3%）明显低于非工科院校同专业平均水平（2022 届 88.3%）。

综合来看，高校学科专业的优化调整需结合自身办学定位、特色与优势，聚焦国家战略和区域产业发展需求，并综合考虑生源、教学和就业质量等多方面因素，以此更好地服务国家战略、区域发展和产业升级，并促进毕业生就业质量的不断提升。

三 民营企业是毕业生就业的主力，相关扶持政策可进一步加强

民营企业作为吸纳毕业生就业的主体，在稳定增长、吸纳就业以及开拓就业新领域等方面具有不可替代的作用。了解民企毕业生就业趋势和特点，有助于更有针对性地加强政策支持，进而为促进经济发展和就业创造更多机会。

（一）制造业中民企占比上升，关注中小微制造企业培育和发展

制造业在毕业生就业市场中的关键作用持续，民企在此领域发挥重要作用。随着关键核心技术攻关的推进以及产业结构优化升级的加快，毕业生在集成电路、装备制造、医药及医疗设备等领域就业的比例稳步提升。数据显示，2022届本科毕业生在电子电气设备制造业、机械设备制造业、医药及设备制造业就业的比例分别为6.8%、2.9%、2.7%，比2018届分别上升了1.2个、0.5个、0.9个百分点；在这三类行业就业的毕业生中，就职于民营企业的占比呈上升趋势，从2018届的63%上升到了2022届的69%。可见民营制造企业在稳就业中发挥了不可替代的作用。

中小微制造企业毕业生就业比例下降，可关注外部环境变化对这类企业影响。进一步从企业规模来看，在上述三类行业的民营企业就业的本科毕业生中，就职于中小微企业的占比呈下降趋势，从2018届的43%下降到了2022届的36%。可见相比大企业，中小微企业更容易受到各类外部环境变化的影响。当然，"小而专""小而美""小而精"的企业是产业链供应链的重要环节，这类专精特新"小巨人"企业和制造业单项冠军企业的培育和发展能够更大程度地稳定和促进毕业生就业，对于这类企业的扶持政策可持续完善。

（二）长三角、珠三角民营经济活跃，为毕业生提供更多就业机会

从不同地区就业的应届本科毕业生来看，在长三角、珠三角地区就业的

群体在民营企业的比例较高，2022届分别达到60%、57%，明显高于在其他地区就业的群体（2022届46%）。长三角、珠三角地区分别以江苏、广东为代表，经济实力较强，民营经济活跃，为毕业生提供了较多就业机会。2022届长三角、珠三角地区本科院校毕业生的毕业去向落实率（分别为88.9%、90.7%）保持领先，且在为本地院校毕业生提供就业机会的同时，也吸引了较多外地院校的毕业生。各地可进一步完善相关政策，更大程度促进民营企业发展壮大，从而为毕业生就业提供更加有力的支撑。

四 本科教学培养环节需持续改进以更好地支撑毕业生就业与发展

课程内容需针对性调整与更新。本科院校教育教学和服务水平不断优化，毕业生对学校教学、学生工作、就业指导等方面的满意度均呈上升趋势。当然值得关注的是，面对产业优化升级的不断深入，本科培养环节也需要相应完善以适应产业发展趋势，特别是在课程教学内容方面，需要有针对性地调整与更新。数据显示，2022届本科毕业生中，有36%的人表示课程内容不实用或陈旧，该比例较2021届（33%）有所上升。

关注工学专业课程内容改进需求。进一步从学科专业层面来看，工学毕业生对课程内容方面的改进需求程度（2022届38%）相对较高，其下属的计算机类专业毕业生对这一方面的改进需求（2022届49%）明显突出。如前文所述，这些面向新一代信息技术等战略新兴产业的专业近年来新增较多，其培养环节持续改进的效果需重点关注，以此更好地支撑毕业生的就业与发展。

分 报 告
Sub Reports

B.2
本科生毕业去向分析

摘　要： 2022年高校毕业生人数持续攀升，受多重因素超预期影响，应届本科毕业生毕业去向落实难度增加。尽管研究生和公务员招录规模的扩大在一定程度上延缓了部分就业压力，但也带来了更为激烈的报考竞争。在应届本科毕业生读研比例持续攀升的背景下，选择不工作而全身心投入考研或考编的群体明显扩大，"延迟就业"现象愈发普遍。值得注意的是，装备制造、能源供应和基建等行业依然在就业市场中扮演着"压舱石"角色，与此同时，数字经济的不断壮大也为稳就业提供了支撑，使得与这些领域相关的专业毕业去向落实率维持稳定；东部地区在这些领域的发展保持领先地位，为毕业生提供了更多的就业机会和选择，因此，东部地区本科院校毕业生的毕业去向落实率相较于其他地区更为稳定。

关键词： 应届本科毕业生　毕业去向　报考竞争　延迟就业　数字经济

一　毕业去向分布

毕业半年后：2022届毕业生毕业第二年（即2023年）的1月左右。麦可思在此时展开跟踪评价。此时毕业生的就业状况趋于稳定，有工作经历的毕业生也能够评估工作对自己知识、能力的要求水平。

毕业五年后：麦可思于2022年对2017届大学毕业生进行了五年后跟踪评价（曾于2018年初对这批大学毕业生进行过半年后跟踪评价），本报告涉及的五年内的变化分析即使用两次对同一批大学生的跟踪评价数据。

毕业去向分布：麦可思将中国本科毕业生的毕业状况分为七类，即受雇工作、自由职业、自主创业、入伍、国内外读研、准备考研、待就业。其中，受雇工作包含受雇全职工作、受雇半职工作，受雇全职工作指平均每周工作32小时或以上，受雇半职工作指平均每周工作20~31小时。国内外读研包含正在我国内地读研、正在我国港澳台地区及国外读研、正在读第二学士学位。准备考研包含"无工作，准备境内读研""无工作，准备到港澳台地区及国外读研"。待就业包含"无工作，继续寻找工作""无工作，其他"。

院校类型：本报告分析中，本科院校类型划分为"双一流"院校和地方本科院校。其中"双一流"院校为第二轮"双一流"建设高校147所，地方本科院校为除"双一流"建设高校以外的其他本科院校。

2022届高校毕业生规模首次突破1000万人，就业总量压力较大。在经济社会发展面临多重超预期因素的影响下，毕业生去向落实难度增加。当然与此同时，研究生教育招生规模逐年扩大，国家公务员考试连续四年扩招，装备制造、能源供应、基础设施建设等领域继续发挥"压舱石"作用，这些因素对就业起到了一定程度的缓冲，为稳就业提供了支撑。

从应届本科毕业生的毕业去向来看，国内外读研、准备考研、待就业的比例均持续上升，2022届（分别为20.1%、7.1%、6.9%）相比2018届（分别为16.8%、3.3%、4.2%）分别上升了3.3、3.8、2.7个百分点；受雇工作的比例（2022届62.2%，2018届73.6%）下降（见表2-1）。本科毕业生读研人数的增加给研究生培养和就业工作带来挑战，需要更加注重提升研究生培养质量，并持续关注滞后就业压力。

表2-1 2018~2022届本科院校毕业生毕业半年后的去向分布变化

单位：%，个百分点

本科院校毕业生毕业去向分布	2022届	2021届	2020届	2019届	2018届	五年变化
受雇工作	62.2	65.3	67.7	71.9	73.6	-11.4
自由职业	2.0	1.7	1.7	—	—	—
自主创业	1.2	1.2	1.3	1.6	1.8	-0.6
入伍	0.5	0.4	0.3	0.2	0.3	0.2
国内外读研	20.1	19.2	18.0	17.4	16.8	3.3
准备考研	7.1	6.5	5.8	4.5	3.3	3.8
待就业	6.9	5.7	5.2	4.4	4.2	2.7

注：1."自由职业"为2020届新增选项，下同。
2.五年变化是指2022届的比例减去2018届的比例，下同。
资料来源：麦可思－中国2018~2022届大学毕业生培养质量跟踪评价。

从不同院校类型来看，"双一流"院校毕业生国内外读研比例更高，且在高位上实现了较大幅度的增长，这也和"双一流"院校拔尖创新人才培养定位相符。2022届"双一流"院校毕业生升学比例超四成（41.0%），近五年上升了7.0个百分点（见表2-2）。我国自主培养的研究生已成为国家前沿领域科技攻关、科技创新的主力军。作为开展研究生教育的主体，"双一流"院校可进一步完善本、研衔接工作，并不断探索和完善一流人才培养机制，从而更好地确保研究生人才培养质量的持续提升。

本科生毕业去向分析

表2-2 2018~2022届"双一流"院校毕业生毕业半年后的去向分布变化

单位：%，个百分点

"双一流"院校毕业生毕业去向分布	2022届	2021届	2020届	2019届	2018届	五年变化
受雇工作	48.1	50.8	53.9	57.3	58.9	-10.8
自由职业	1.1	0.9	0.9	—	—	—
自主创业	0.7	0.6	0.8	0.9	1.0	-0.3
入伍	0.2	0.3	0.4	0.4	0.6	-0.4
国内外读研	41.0	39.3	35.6	34.8	34.0	7.0
准备考研	5.7	5.4	5.7	4.4	2.9	2.8
待就业	3.2	2.7	2.7	2.2	2.6	0.6

资料来源：麦可思－中国2018~2022届大学毕业生培养质量跟踪评价。

地方本科院校毕业生"延迟就业"的情况更加普遍。从近五年毕业去向来看，毕业生升学比例从2018届的13.3%上升到2022届的15.9%，上升了2.6个百分点，此外准备考研的比例增长更为明显（五年内上升了4.0个百分点）（见表2-3）；2022届待就业的毕业生除了正在找工作外，近半数都在准备公务员、事业单位招录考试，在毕业生总人数中的占比相较2018届翻了一番。毕业生"延迟就业"的情况增多，高校管理者需重视考研"高考化"的现象，进一步关注在校学生的读研、择业意愿，指导和帮助学生合理规划学业以及后续的职业发展，尽可能地避免"逃避式"考研、考公的情况。

表2-3 2018~2022届地方本科院校毕业生毕业半年后的去向分布变化

单位：%，个百分点

地方本科院校毕业生毕业去向分布	2022届	2021届	2020届	2019届	2018届	五年变化
受雇工作	65.1	68.2	70.4	74.8	76.7	-11.6
自由职业	2.2	1.9	1.9	—	—	—
自主创业	1.3	1.3	1.4	1.7	1.9	-0.6
入伍	0.5	0.4	0.3	0.2	0.2	0.3
国内外读研	15.9	15.2	14.5	13.9	13.3	2.6
准备考研	7.4	6.7	5.8	4.6	3.4	4.0
待就业	7.6	6.3	5.7	4.8	4.5	3.1

资料来源：麦可思－中国2018~2022届大学毕业生培养质量跟踪评价。

随着离校时间的推移，毕业生的去向落实越来越充分。到毕业五年后，本科毕业生已普遍受雇工作，同时"双一流"院校毕业生仍在求学深造的比例相对较高，地方本科院校毕业生自主创业的比例相对较高。具体来看，2017届本科毕业生在毕业五年后受雇工作的比例近九成（88.3%）；"双一流"院校有8.3%的毕业生仍在读研，较2016届毕业五年后（7.5%）进一步上升；地方本科院校有3.6%的毕业生选择自主创业（见图2-1），较2016届毕业五年后（4.2%）略有下降，但相比自身半年后（2.1%）有所上升。

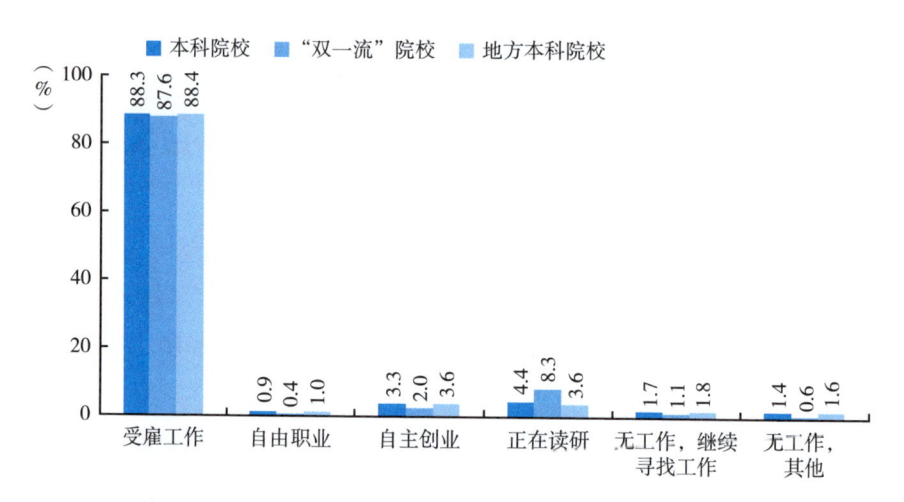

图2-1　2017届本科生毕业五年后的去向分布

数据来源：麦可思-中国2017届大学毕业生五年后职业发展跟踪评价。

二　毕业去向落实率分析

毕业去向落实率：本科生的毕业去向落实率＝已就业本科毕业生数/本科毕业生总数。其中已就业人群包括"受雇工作"、国内外读研等五类。

高校毕业生规模持续扩大，受多重超预期因素影响，就业难度增加；此外大学生就业求稳的心态更加明显，考研、考公人数进一步上升，"延迟就业"的现象增多。数据显示，2022 届本科毕业生毕业半年后毕业去向落实率为 86.0%，其中"双一流"院校毕业去向落实率为 91.1%，高于地方本科院校（85.0%）（见图 2-2）。

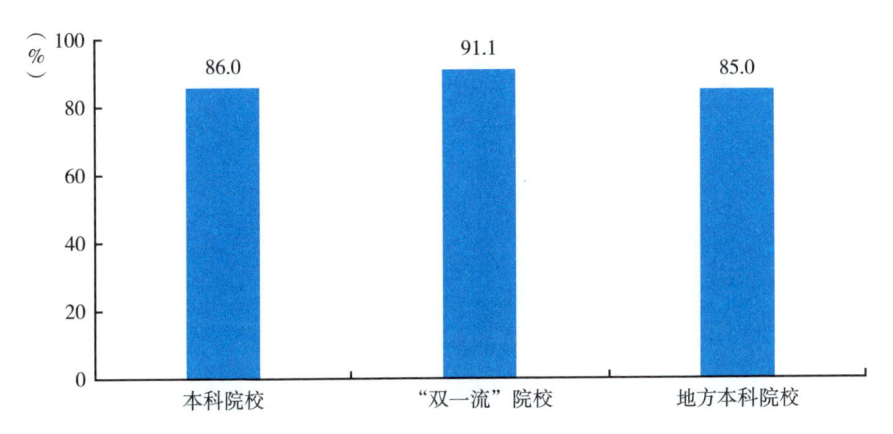

图 2-2　2022 届本科生毕业半年后的毕业去向落实率

数据来源：麦可思－中国 2022 届大学毕业生培养质量跟踪评价。

区域：本研究基于国家统计局东、中、西部和东北地区划分标准，将中国内地 31 个省、自治区和直辖市分为四大地区，其中东部地区包括北京、天津、河北、上海、江苏、浙江、福建、山东、广东、海南 10 个省（市）；中部地区包括山西、安徽、江西、河南、湖北、湖南 6 个省；西部地区包括内蒙古、广西、重庆、四川、贵州、云南、西藏、陕西、甘肃、青海、宁夏、新疆 12 个省（区、市）；东北地区包括辽宁、吉林、黑龙江 3 个省。

三大经济区域：京津冀、长三角、珠三角地区是国家主要的人口聚集地和经济社会发展的重要引擎和增长极，对高校毕业生就业具有重要保障作用，本研究将其单独列出分析。

东部地区整体发展水平较高，同时交汇了京津冀协同发展、粤港澳大湾区建设、长三角一体化发展等多个区域重大战略，毕业生就业机会和选择相对较多。从不同地区来看，2022 届东部地区本科院校毕业生毕业半年后的毕业去向落实率（88.0%）最高；其次是西部地区（85.9%）（见图2-3），其中西南地区的毕业去向落实率（86.3%）略高于西北地区（85.5%）。

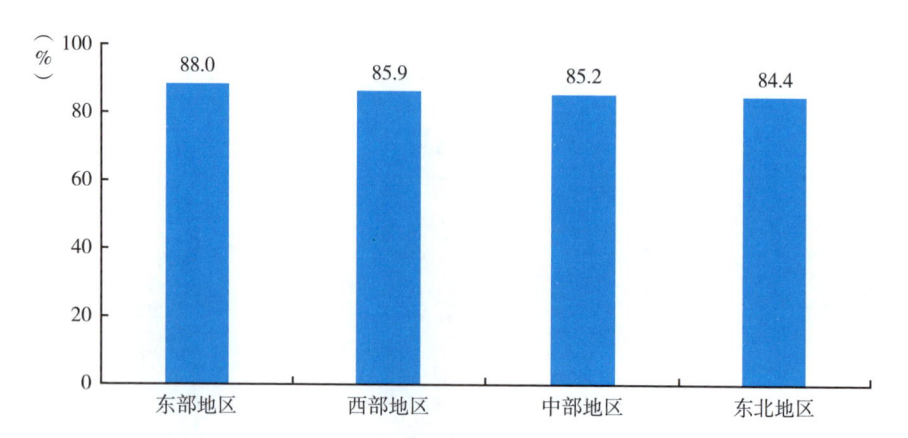

图2-3 2022届各区域本科生毕业半年后的毕业去向落实率

区域	毕业去向落实率
东部地区	88.0
西部地区	85.9
中部地区	85.2
东北地区	84.4

数据来源：麦可思-中国2022届大学毕业生培养质量跟踪评价。

另外，从三大经济区域来看，珠三角地区本科院校毕业生毕业半年后的毕业去向落实率（90.7%）最高，其次是长三角地区（88.9%）（见图2-4）。这两个地区经济实力较强，分别以广东、江苏为代表，2022年广东地区生产总值逼近13万亿元，已连续34年居全国第一；江苏紧随其后，2022年地区生产总值首次突破12万亿元。经济规模的不断突破与经济发展质量的持续提升为毕业生就业提供了有力支撑。

学科门类：按照教育部的专业目录，本次跟踪评价覆盖了本科院校所开设的学科门类12个。

专业类：按照教育部的专业目录，本次跟踪评价覆盖了本科院校所开设的专业类91个。

专业：按照教育部的专业目录，本次跟踪评价覆盖了本科院校所开设的专业428个。

从不同学科门类来看，2022届工学、教育学、农学本科生的毕业去向落

本科生毕业去向分析

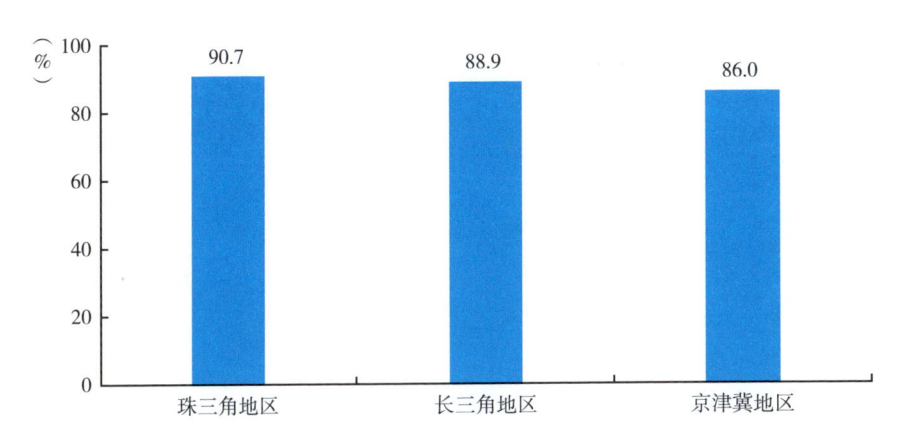

图 2-4　2022届三大经济区域本科生毕业半年后的毕业去向落实率

珠三角地区 90.7％　长三角地区 88.9％　京津冀地区 86.0％

数据来源：麦可思-中国2022届大学毕业生培养质量跟踪评价。

实率（分别为89.5%、87.0%、86.6%）列前三位；法学、文学、艺术学、经济学的毕业去向落实率（分别为78.2%、82.7%、83.1%、83.3%）相对较低（见表2-4）。其中，工学毕业生就业主要面向充当"压舱石"的制造、基建等领域，与此同时工学研究生专业整体上报考缺口较大，毕业生求职、求学的难度相对较低；法学毕业生就业主要面向机关或事业单位，且对应的研究生专业报考热度较高，考公、考研竞争均较大，毕业生"延迟就业"的现象更为普遍。

进一步从各专业类来看，2022届毕业去向落实率排前五位的专业类均隶属于工学门类，其中能源动力类、电气类、土木类的毕业去向落实率（分别为94.2%、93.5%、92.3%）相对突出，上述专业类主要面向能源、装备制造、基建等领域，这些领域的就业在多重超预期因素影响下保持相对稳定。另外，公共卫生与预防医学类专业的毕业去向落实率排名上升明显，2022届已进入第五；公共卫生人才队伍建设是"十四五"时期卫生健康人才发展的重点，这也为相关专业毕业生的去向落实提供了保障（见表2-5）。

表 2-4 2022 届本科各学科门类本科生毕业半年后的毕业去向落实率

单位：%

本科学科门类名称	毕业去向落实率	本科学科门类名称	毕业去向落实率
工学	89.5	历史学	84.2
教育学	87.0	经济学	83.3
农学	86.6	艺术学	83.1
理学	85.6	文学	82.7
管理学	85.3	法学	78.2
医学	85.2		
全国本科	86.0	全国本科	86.0

注：个别学科门类因为样本较少，没有包括在内。

资料来源：麦可思－中国 2022 届大学毕业生培养质量跟踪评价。

表 2-5 2022 届本科主要专业类本科生毕业半年后的毕业去向落实率

单位：%

本科专业类名称	毕业去向落实率	本科专业类名称	毕业去向落实率
能源动力类	94.2	化学类	88.0
电气类	93.5	马克思主义理论类	87.9
土木类	92.3	体育学类	87.9
仪器类	91.9	生物工程类	87.2
交通运输类	91.9	林学类	87.2
公共卫生与预防医学类	91.9	计算机类	86.6
安全科学与工程类	91.8	教育学类	86.5
物流管理与工程类	91.4	财政学类	85.9
材料类	91.1	设计学类	85.9
管理科学与工程类	91.1	数学类	85.1
机械类	91.0	新闻传播学类	84.8
护理学类	90.7	经济与贸易类	84.7
轻工类	90.5	临床医学类	84.6
自动化类	90.4	旅游管理类	84.6
地理科学类	90.3	历史学类	84.2
矿业类	90.3	口腔医学类	84.1

本科生毕业去向分析

续表

本科专业类名称	毕业去向落实率	本科专业类名称	毕业去向落实率
测绘类	90.1	公共管理类	84.0
社会学类	89.8	统计学类	83.9
电子信息类	89.6	工商管理类	83.9
医学技术类	89.5	中医学类	83.8
生物科学类	89.3	戏剧与影视学类	83.6
环境科学与工程类	89.2	金融学类	83.3
建筑类	88.8	外国语言文学类	82.9
化工与制药类	88.7	经济学类	82.6
药学类	88.7	音乐与舞蹈学类	82.4
电子商务类	88.7	美术学类	81.8
中药学类	88.6	中国语言文学类	81.5
物理学类	88.5	心理学类	81.4
食品科学与工程类	88.1	法学类	77.4
植物生产类	88.1	全国本科	86.0

注：个别专业类因为样本较少，没有包括在内。
资料来源：麦可思-中国2022届大学毕业生培养质量跟踪评价。

与基建、能源、装备制造等领域相关的专业毕业去向落实率较高。从2022届就业量最大的前50位本科专业来看，毕业生半年后毕业去向落实率较高的前三位专业为工程管理（93.5%）、电气工程及其自动化（93.4%）、车辆工程（92.4%）（见表2-6）。

从本科生毕业去向落实率排名前50的专业来看，工科专业的占比进一步扩大至七成，其中机械类专业占了6个，包括车辆工程（92.4%）、机械工程（92.3%）等；土木类专业占了5个，包括道路桥梁与渡河工程（93.9%）、给排水科学与工程（93.6%）等；电子信息类专业占了4个，其下属的微电子科学与工程专业毕业去向落实率（95.9%）位列第一（表2-7）。

表2-6　2022届本科生毕业半年后就业量最大的前50位专业的毕业去向落实率

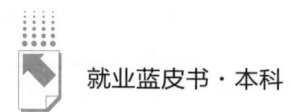

单位：%

本科就业量最大的前50位专业名称	毕业去向落实率
工程管理	93.5
电气工程及其自动化	93.4
车辆工程	92.4
机械电子工程	92.2
物流管理	92.1
土木工程	92.0
环境工程	91.0
化学工程与工艺	90.8
机械设计制造及其自动化	90.8
食品科学与工程	90.6
自动化	90.5
护理学	90.4
学前教育	90.0
工程造价	89.7
药学	89.2
体育教育	89.2
信息管理与信息系统	89.1
电子信息工程	88.9
电子商务	88.9
通信工程	88.9
软件工程	88.4
产品设计	88.3
应用化学	88.1
网络工程	87.8
化学	87.5
物联网工程	87.4
市场营销	87.3
商务英语	87.3
小学教育	86.6
人力资源管理	86.1
计算机科学与技术	86.1
数学与应用数学	85.9

续表

本科就业量最大的前 50 位专业名称	毕业去向落实率
环境设计	85.8
美术学	85.4
国际经济与贸易	85.0
视觉传达设计	84.9
旅游管理	84.8
金融学	84.7
财务管理	84.6
临床医学	84.3
日语	84.1
工商管理	84.1
经济学	83.9
汉语言文学	83.3
广播电视编导	83.3
音乐学	83.3
会计学	82.9
英语	82.8
音乐表演	79.2
法学	77.0
全国本科	86.0

资料来源：麦可思－中国 2022 届大学毕业生培养质量跟踪评价。

表 2-7　2022 届本科生毕业半年后毕业去向落实率排前 50 位的主要专业

单位：%

本科毕业去向落实率排前 50 位的专业名称	毕业去向落实率
微电子科学与工程	95.9
能源与动力工程	95.3
水利水电工程	95.1
信息工程	94.9
地理科学	94.6
道路桥梁与渡河工程	93.9
预防医学	93.8
生物医学工程	93.6

续表

本科毕业去向落实率排前50位的专业名称	毕业去向落实率
给排水科学与工程	93.6
工程管理	93.5
电气工程及其自动化	93.4
建筑环境与能源应用工程	93.0
建筑电气与智能化	92.6
工业工程	92.6
交通运输	92.6
车辆工程	92.4
中药学	92.3
机械工程	92.3
机械电子工程	92.2
无机非金属材料工程	92.1
地质工程	92.1
物流管理	92.1
土木工程	92.0
测控技术与仪器	91.9
安全工程	91.8
采矿工程	91.7
医学检验技术	91.7
材料成型及控制工程	91.4
材料科学与工程	91.2
信息安全	91.1
环境工程	91.0
生物科学	91.0
化学工程与工艺	90.8
交通工程	90.8
机械设计制造及其自动化	90.8
食品科学与工程	90.6
过程装备与控制工程	90.6
金属材料工程	90.5

续表

本科毕业去向落实率排前 50 位的专业名称	毕业去向落实率
自动化	90.5
测绘工程	90.5
护理学	90.4
电子信息科学与技术	90.3
物流工程	90.3
电子科学与技术	90.3
城乡规划	90.1
学前教育	90.0
社会工作	89.9
地理信息科学	89.8
工程造价	89.7
园林	89.4
全国本科	86.0

注：毕业生规模过小的专业不包括在此排序中。
资料来源：麦可思－中国2022届大学毕业生培养质量跟踪评价。

三 未就业分析

未就业：本研究将应届毕业生在毕业半年后跟踪评价时既没有受雇工作，也没有自主创业、自由职业、入伍或升学的状态，视为未就业。这包括准备考研、还在找工作和其他暂不就业三种情况。

应届本科生毕业半年后暂未就业的人群以准备考研为主，2022届准备考研的人在未就业人群中占比超过半数。具体来看，2022届本科毕业生中，准备考研的比例为7.1%，相比2018届（3.3%）上升了3.8个百分点，翻了一番多；伴随着高等教育的不断普及化以及就业总量压力的持续高位运行，求职竞争更加激烈，这也促使越来越多的毕业生希望通过提高学历来增加竞争力。此外，2022届毕业生待就业的比例（6.9%）相比2021届（5.7%）上升幅度较大（见图2-5），其中除了正在找工作的群体外，准备公务员、事业单位公开招录考试的群体进一步扩大，毕业生"延迟就业"的现象更加普遍。

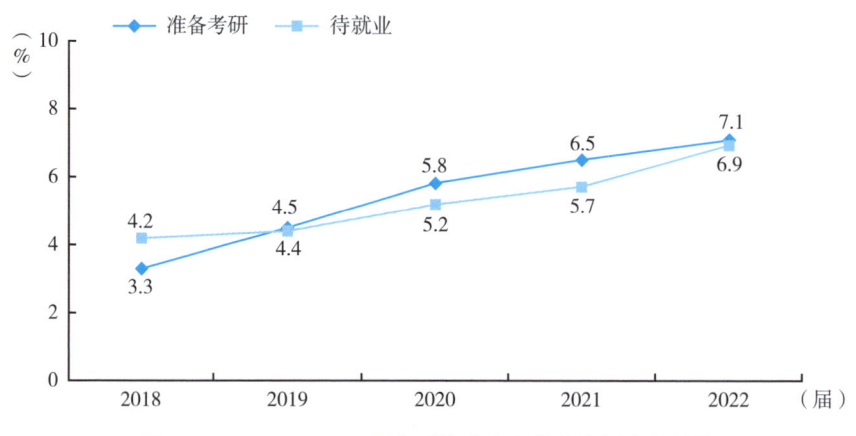

图2-5　2018~2022届本科毕业生未就业比例变化趋势

数据来源：麦可思-中国2018~2022届大学毕业生培养质量跟踪评价。

2022届本科待就业的毕业生中，有近五成（49%）正在找工作（见图2-6），与上一届持平，其个人求职预期与职场需求之间依然存在错位。正

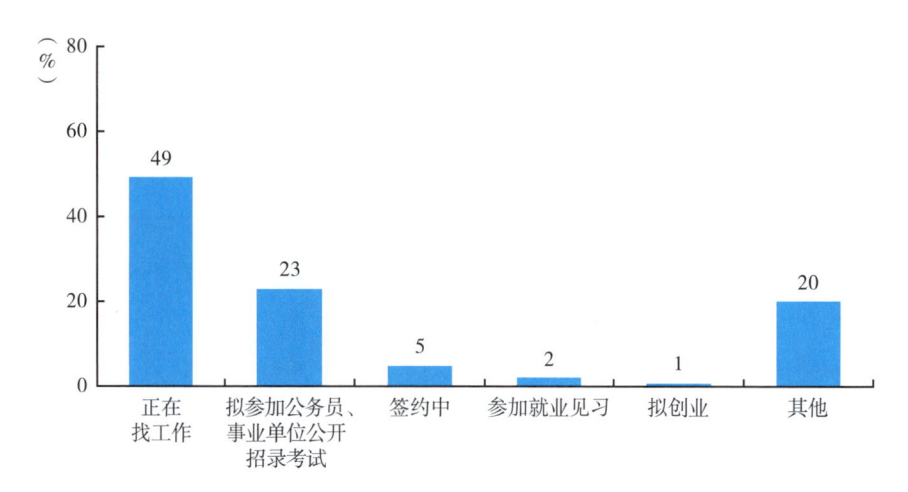

图2-6　2022届本科待就业毕业生分布

数据来源：麦可思-中国2022届大学毕业生培养质量跟踪评价。

在找工作的毕业生中，有55%收到过用人单位录用通知（见图2-7），拒绝录用的主要原因是薪资福利、个人发展空间等方面与个人预期不匹配（见图2-8）。

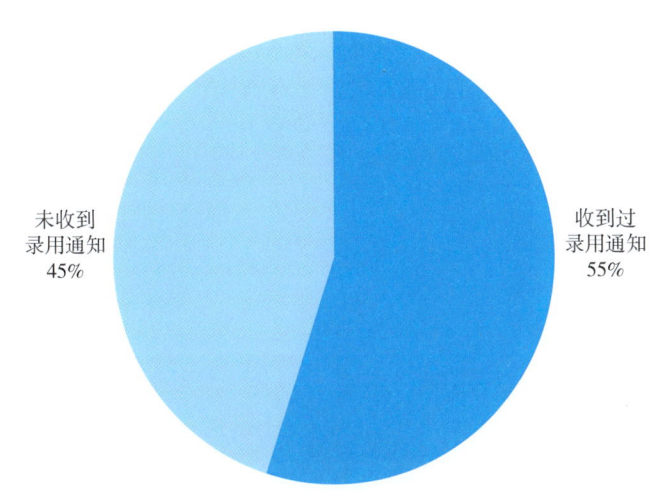

图 2-7 2022届本科正在找工作的毕业生收到过录用通知的比例

数据来源：麦可思-中国2022届大学毕业生培养质量跟踪评价。

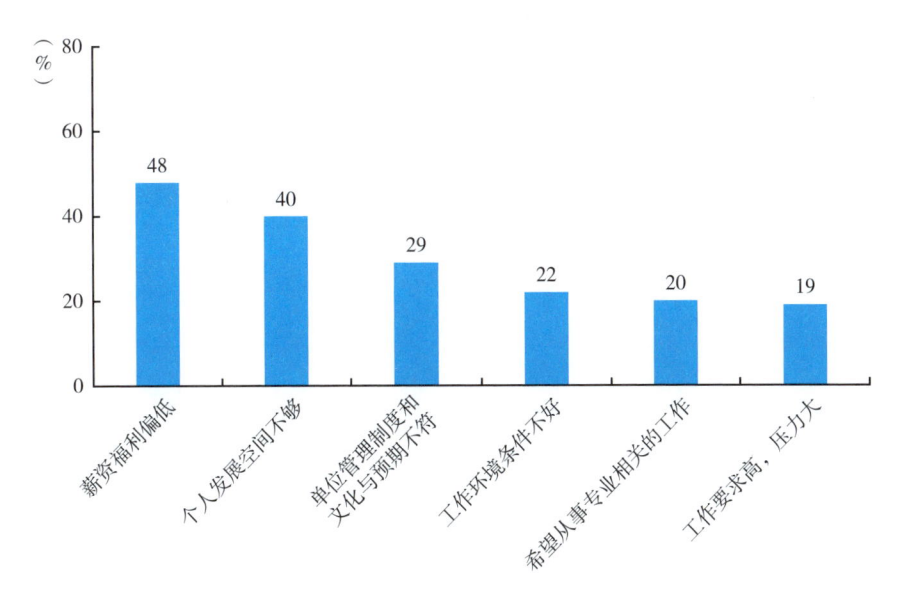

图 2-8 2022届本科毕业生正在找工作并收到过录用通知但未接受原因（多选）

数据来源：麦可思-中国2022届大学毕业生培养质量跟踪评价。

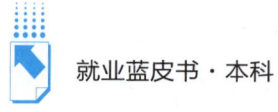

当下毕业生择业求稳求编制的心态加剧。待就业毕业生中，约1/4在准备公务员、事业单位公开招录考试；准备考公人数占毕业生总人数的比例五年内翻了一番。自2020年起国考连续四年扩招，2023年计划招录人数（3.71万人）创历史新高，其中专门面向应届高校毕业生的计划数约占计划招录总人数的67%；与此同时报名过审人数近260万，相比上年增长了25%，报考竞争更加激烈。

B.3
本科毕业生就业结构分析

摘　要： 本科毕业生的就业重心已进一步下沉至地级城市及以下地区，有更多的毕业生选择加入基层治理队伍；与此同时，新一线城市的数字经济持续发展，对毕业生的吸纳能力不断增强，使得毕业生在一线城市之外拥有更多就业选择。现代化产业体系建设的加快为毕业生就业提供了有力支撑，一方面，随着关键核心技术攻关的推进、产业结构优化升级的加快以及能源产供储销体系建设的加强，毕业生在集成电路、装备制造、能源供应等领域就业的比例稳步提升；另一方面，数字技术的发展催生了新业态、新模式和新职业，毕业生在工业互联网、大数据、云计算、人工智能等新职业领域的就业比例逐年上升。值得注意的是，中小微民企作为吸纳毕业生的主体，是产业链和供应链的重要环节，加强对中小微民企的政策扶持，可为促进经济发展和就业创造更多机会。

关键词： 就业重心　新业态　中小微民企　本科生

一　就业地分析

东部地区人才吸引力较强，中部和东北地区毕业生外流较多。从应届本科毕业生就业地[①]分布来看，2022届在东部地区就业的占比（51.9%）最高，其次是西部地区（24.6%）；结合各地区本科院校毕业生占比和毕业去向落实

---

① 就业地：指大学毕业生的就业所在地区。

率综合来看，东部地区对人才的吸引力（毕业生占比38.5%、毕业去向落实率88.0%）最强，毕业生流入较多；中部地区（毕业生占比26.7%、毕业去向落实率85.2%）、东北地区（毕业生占比9.4%、毕业去向落实率84.4%）毕业生外流较多（见表3-1）。

另外，从三大经济区域来看，长三角、珠三角地区对人才的吸引力较强，有较多本科毕业生流入上述地区；京津冀地区随着北京市非首都功能疏解，一些企事业单位和公共服务机构逐步迁移至周边，加之北京市高科技和创新产业的发展，对高学历层次毕业生的需求提升，应届本科毕业生就业竞争压力加大，外流的情况增加（见表3-2）。

表3-1　2022届本科毕业生就业地的分布

单位：%

各区域	2022届本科毕业生在该地区就业的比例	2022届该地区本科毕业生实际人数比例	毕业去向落实率
东部地区	51.9	38.5	88.0
西部地区	24.6	25.4	85.9
中部地区	19.7	26.7	85.2
东北地区	3.8	9.4	84.4

资料来源：麦可思－中国2022届大学毕业生培养质量跟踪评价，中华人民共和国国家统计局。

表3-2　2022届本科毕业生在三大经济区域就业的情况

单位：%

三大经济区域	2022届本科毕业生在该地区就业的比例	2022届该地区本科毕业生实际人数比例	毕业去向落实率
长三角地区	23.1	16.3	88.9
珠三角地区	19.7	13.4	90.7
京津冀地区	9.0	9.5	86.0

资料来源：麦可思－中国2022届大学毕业生培养质量跟踪评价，中华人民共和国国家统计局。

城市类型：

1. 本研究按行政级别把中国内地城市分为以下三种类型。

a. 直辖市：包括北京、上海、天津、重庆。

b. 副省级城市：包括哈尔滨、长春、沈阳、大连、济南、青岛、南京、杭州、宁波、厦门、广州、深圳、武汉、成都、西安15个城市。部分省会城市不属于副省级城市。

c. 地级城市及以下：如绵阳、保定、苏州等，也包括省会城市如福州、银川等，以及地级市下属的县、乡等。

2. 本研究根据城市发展水平、综合经济实力等把主要城市分为一线城市和新一线城市。

一线城市：北京、上海、广州、深圳。

新一线城市：《第一财经周刊》于2013年首次提出"新一线城市"概念，依据商业资源集聚度、城市枢纽性、城市人活跃度、生活方式多样性和未来可塑性五大指标，每年评出15座新一线城市。2022年评出的15座新一线城市依次是：成都、重庆、杭州、西安、武汉、苏州、郑州、南京、天津、长沙、东莞、宁波、佛山、合肥、青岛。

基层政府机关、事业单位招录规模的扩大进一步促进本科毕业生就业重心的下沉。从近五年的数据来看，本科毕业生选择在地级城市及以下地区就业的比例上升明显，从2018届的53%上升到2022届的59%，其中教育领域是吸纳毕业生在地级城市及以下地区就业的主体，此外毕业生在政府机关、事业单位就业的比例上升；与之相对应的，毕业生在直辖市、副省级城市就业的比例呈下降趋势，分别从2018届的17%、30%下降到2022届的13%、28%（见图3-1）。

数字经济领域是吸纳毕业生就业的重要渠道，新一线城市数字经济的不断发展是其吸引越来越多应届本科毕业生的重要原因之一。从近五年的数据来看，本科毕业生选择在新一线城市就业的比例在26%~27%，其中在软件开发、信息技术服务、电子信息制造等数字经济相关领域就业的比例呈上升趋势；毕业生在一线城市就业的比例相应下降，从2018届的21%下降到2022届的17%（见图3-2）。

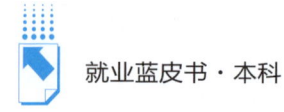

图 3-1 2018~2022届本科毕业生就业城市类型分布变化

数据来源：麦可思-中国2018~2022届大学毕业生培养质量跟踪评价。

图 3-2 2018~2022届本科毕业生在一线、新一线城市就业的比例变化趋势

数据来源：麦可思-中国2018~2022届大学毕业生培养质量跟踪评价。

二　行业、职业流向分析

（一）就业的主要行业及变化趋势

行业：根据麦可思中国行业分类体系，本次跟踪评价覆盖了本科毕业生就业的 327 个行业。

本节各图表中的"就业比例"＝在某类行业中就业的本科毕业生人数/全国同届次本科毕业生就业总数。

本科毕业生在教培行业、房屋建筑业就业比例下降较为明显；此外，信息技术产业需求放缓；集成电路、装备制造、能源供应等领域需求增长。

从毕业生就业行业的占比来看，2022 届本科毕业生半年后就业最多的行业类是"教育业"（13.0%），其后依次是"信息传输、软件和信息技术服务业"（8.7%）、"建筑业"（7.7%）、"金融业"（7.3%）等（见表3-3）。

从变化趋势来看，毕业生在"教育业"就业的比例较往届下降较多。"双减"政策实施以来各类教育辅导和培训机构得到进一步治理和规范，2022 届本科毕业生在这类机构就业的比例（5.1%）相比 2021 届（6.0%）继续下降。

与此同时，毕业生在"建筑业"就业的比例也下降较多，特别是房屋建筑领域，2022 届就业比例为 3.3%，五年内下降了 1.2 个百分点；基础设施建设领域保持稳定，2022 届就业比例为 3.0%。

此外，伴随着毕业生"考公"意愿的不断增强以及近几年来公务员招录规模的连续扩大，毕业生在政府及公共管理领域就业的比例呈上升趋势，2022 届达到 6.8%，五年内上升了 0.8 个百分点。

表 3-3 2018~2022 届本科毕业生就业的主要行业类变化趋势

单位：%，个百分点

行业类名称	2022 届	2021 届	2020 届	2019 届	2018 届	五年变化
教育业	13.0	14.0	17.0	15.9	14.9	-1.9
信息传输、软件和信息技术服务业	8.7	9.2	9.0	8.9	8.8	-0.1
建筑业	7.7	8.6	9.0	8.9	9.1	-1.4
金融业	7.3	7.2	7.5	7.8	8.1	-0.8
政府及公共管理	6.8	6.4	6.2	6.0	6.0	0.8
电子电气设备制造业（含计算机、通信、家电等）	6.8	6.2	5.7	5.7	5.6	1.2
医疗和社会护理服务业	6.0	6.0	5.9	6.0	6.2	-0.2

续表

行业类名称	2022届	2021届	2020届	2019届	2018届	五年变化
各类专业设计与咨询服务业	5.0	5.3	5.1	5.8	5.5	-0.5
文化、体育和娱乐业	4.5	4.6	4.2	4.6	4.2	0.3
零售业	3.6	3.8	3.5	3.4	4.0	-0.4
电力、热力、燃气及水生产和供应业	3.0	2.6	2.4	2.2	1.6	1.4
机械设备制造业	2.9	2.6	2.5	2.4	2.4	0.5
医药及设备制造业	2.7	2.4	2.1	2.0	1.8	0.9
运输业	2.2	2.3	2.2	2.4	2.2	0
化学品、化工、塑胶制造业	2.1	1.8	1.8	1.8	1.9	0.2
行政、商业和环境保护辅助业	2.0	1.7	1.7	1.9	2.1	-0.1
交通运输设备制造业	1.8	1.3	1.3	1.5	1.9	-0.1
其他制造业	1.8	1.3	1.0	0.9	0.6	1.2
住宿和餐饮业	1.4	1.2	1.1	1.3	1.5	-0.1
房地产开发及租赁业	1.4	1.9	2.1	2.3	2.4	-1.0
居民服务、修理和其他服务业	1.2	1.4	1.3	1.5	1.8	-0.6
食品、烟草、加工业	1.1	1.0	0.9	0.9	1.0	0.1
纺织、服装、皮革制造业	1.0	1.1	0.9	1.0	1.0	0
农、林、牧、渔业	1.0	1.0	1.0	0.6	0.8	0.2
采矿业	1.0	0.9	0.8	0.6	0.6	0.4
邮递、物流及仓储业	0.9	1.0	0.9	0.7	0.9	0
批发业	0.6	0.7	0.6	0.6	0.9	-0.3
玻璃黏土、石灰水泥制品业	0.6	0.6	0.4	0.4	0.4	0.2
家具制造业	0.6	0.6	0.5	0.5	0.6	0
初级金属制造业	0.6	0.6	0.6	0.5	0.6	0
群众团体、社会团体和宗教组织	0.3	0.2	0.3	0.2	0.1	0.2
木品和纸品业	0.2	0.3	0.2	0.2	0.2	0
其他租赁业	0.1	0.1	0.2	0.2	0.1	0

注：表中显示数字均保留一位小数，因为四舍五入进位，加起来可能不等于100%。
资料来源：麦可思－中国2018~2022届大学毕业生培养质量跟踪评价。

表 3-4　2022 届本科毕业生就业量最大的前 50 位行业

单位：%

行业名称	就业比例
中小学教育机构	7.1
软件开发业	3.6
综合医院	2.8
发电、输电业	2.6
铁路、道路、隧道和桥梁工程建筑业	2.3
其他金融投资业	2.1
半导体和其他电子元件制造业	1.9
药品和医药制造业	1.9
其他制造业	1.8
储蓄信用中介	1.7
教育辅助服务业	1.7
其他各级党政机关	1.6
会计、审计与税务服务业	1.5
建筑基础、结构、楼房外观承建业	1.4
司法、执法部门（公检法）	1.4
其他培训学校和机构	1.4
其他文体娱乐和休闲产业	1.3
通信设备制造业	1.3
其他信息服务业	1.2
幼儿园与学前教育机构	1.2
互联网平台服务业（工业互联网平台、电商平台等）	1.2
中国人民银行、保监会和证监会	1.1
其他公共管理服务组织	1.1
计算机及外围设备制造业	1.0
住宅建筑施工业	1.0
非住宅建筑施工业	0.9
电气设备制造业	0.9
汽车整车制造业	0.9
居民服务业	0.9
保险代理、经销、其他保险相关业	0.8

续表

行业名称	就业比例
数据处理、存储、计算、加工等相关服务业	0.8
医疗设备及用品制造业	0.8
其他化工产品制造业	0.8
基层医疗卫生服务机构	0.7
各级党政领导机构及人大、政协	0.7
工业成套设备制造业	0.7
建筑装修业	0.7
互联网信息服务业（搜索、网游、音视频、新闻服务等）	0.7
物流仓储业	0.7
基层群众自治组织（含村委会、居委会等）	0.6
互联网零售业	0.6
百货零售业	0.6
其他通用机械设备制造业	0.6
法律、知识产权服务业	0.6
广告及相关服务业	0.6
中等职业教育机构	0.6
本科院校	0.6
办公室行政服务业	0.6
汽车零件制造业	0.6
建筑、工程及相关咨询服务业	0.6

资料来源：麦可思－中国2022届大学毕业生培养质量跟踪评价。

（二）主要行业的就业稳定性

行业转换率：行业转换是指毕业生在毕业半年后就业于某行业（小类），而毕业五年内进入不同的行业就业。行业转换率是指有多大比例的毕业生在毕业五年内转换了行业。其计算方法为：分母是毕业半年后有工作的毕业生数，分子是毕业五年内所在行业与半年后所在行业不同的毕业生数。

2017届本科毕业生工作五年内有43%转换了行业，与2016届（44%）

基本持平。"双一流"院校、地方本科院校均基本保持稳定，2017届"双一流"院校、地方本科院校毕业生工作五年内分别有34%、45%的人转换了行业，与2016届（分别为35%、46%）基本持平（见图3-3）。

从各类学科来看，管理学、艺术学毕业生五年内的行业转换率持续较高（2017届均为52%），医学、教育学毕业生五年内的行业转换率持续较低（2017届分别为24%、26%）（见表3-5）。毕业生跨行业流动情况与不同学科服务面向的领域特点相关，管理学、艺术学服务面向的领域较广且多集中在民企，就业更为灵活，跨行业流动相对较为普遍；医学、教育学主要面向卫生、教育机构，从业稳定性较强。

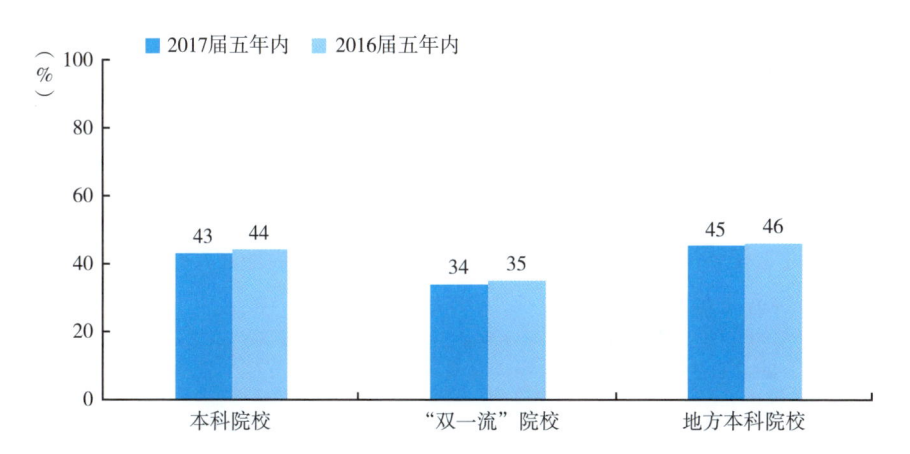

图 3-3 2017 届本科生毕业五年内的行业转换率

数据来源：麦可思－中国2016届、2017届大学毕业生五年后职业发展跟踪评价。

表 3-5 2017 届本科各学科门类毕业生毕业五年内的行业转换率

单位：%

本科学科门类名称	2017届五年内行业转换率	2016届五年内行业转换率
管理学	52	52
艺术学	52	51
工学	44	44
经济学	44	43

续表

本科学科门类名称	2017届五年内行业转换率	2016届五年内行业转换率
农学	41	43
文学	40	44
理学	37	38
法学	36	37
教育学	26	26
医学	24	23
全国本科	43	44

注：个别学科门类因为样本较少，没有包括在内。
资料来源：麦可思－中国2016届、2017届大学毕业生五年后职业发展跟踪评价。

从不同行业类来看，消费服务行业本科毕业生行业转换率较高，公共服务领域的本科毕业生转换率较低。具体来看，2017届本科毕业生五年内行业转换率最高的前五位行业类是"居民服务、修理和其他服务业"（78%）、"住宿和餐饮业"（76%）、"零售业"（76%）、"文化、体育和娱乐业"（72%）、"行政、商业和环境保护辅助业"（69%），这些行业也是受多重超预期因素影响较大的行业（见图3-4）。

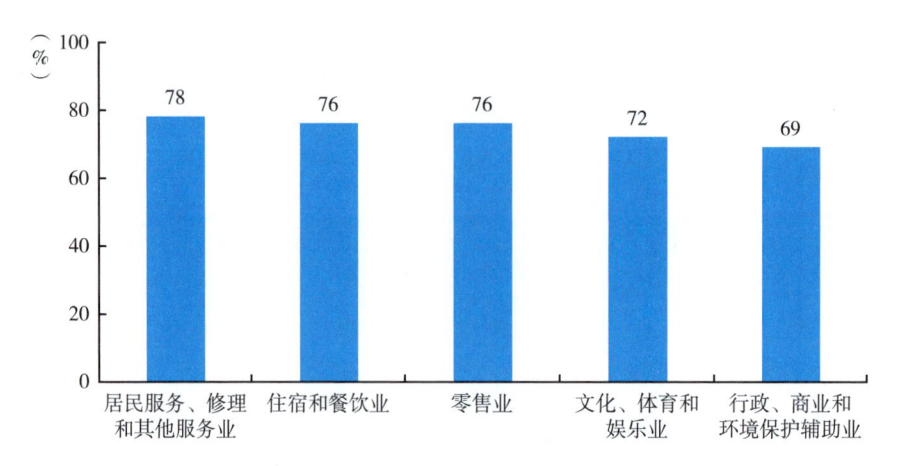

图3-4 2017届本科生毕业五年内行业转换率最高的前五位行业类

数据来源：麦可思－中国2017届大学毕业生五年后职业发展跟踪评价。

本科毕业生就业结构分析

2017届本科生毕业五年内行业转换率最低的前五位行业类是"电力、热力、燃气及水生产和供应业"（20%）、"教育业"（24%）、"医疗和社会护理服务业"（31%）、"建筑业"（37%）、"政府及公共管理"（41%），这类行业的相关专业人才从业门槛也较高（见图3-5）。

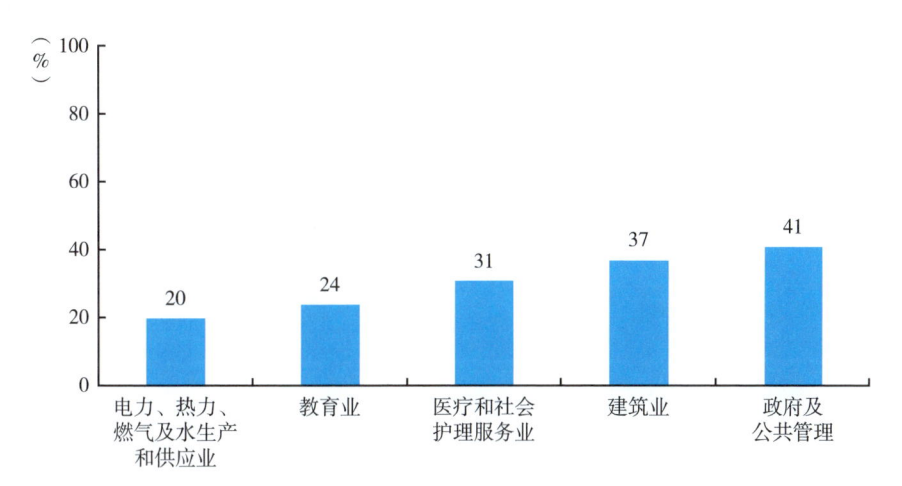

图 3-5　2017届本科生毕业五年内行业转换率最低的前五位行业类

数据来源：麦可思－中国2017届大学毕业生五年后职业发展跟踪评价。

（三）从事的主要职业及变化趋势

职业：根据麦可思中国职业分类体系，本次跟踪评价覆盖了本科毕业生能够从事的592个职业。

本节各表中的"就业比例"＝在某类职业中就业的本科毕业生人数/全国同届次本科毕业生就业总数。

"双减"政策以来学科类培训机构数量的压减使得毕业生在相关岗位就业的比例进一步下降；新产业、新业态、新模式的不断培育和发展促使相关新兴岗位的需求稳步增长。

从毕业生就业岗位来看，2022届本科毕业生半年后就业最多的职业类是"中小学教育"（8.5%），其后依次是"财务/审计/税务/统计"（7.4%）、

035

"行政/后勤"（7.2%）、"互联网开发及应用"（6.1%）、"计算机与数据处理"（5.9%）等。其中，2022届本科毕业生从事"中小学教育"类职业的比例相较于2018届（9.7%）下降了1.2个百分点，这主要与校外培训机构（特别是学科类培训机构）数量压减、业务转型有关。此外，伴随着新产业、新业态、新模式的发展，毕业生从事工业互联网、大数据、云计算、人工智能、新媒体运营等新兴岗位的比例有所上升（见表3-6、表3-7）。

表3-6 2018~2022届本科毕业生从事的主要职业类变化趋势

单位：%，个百分点

本科职业类名称	2022届	2021届	2020届	2019届	2018届	五年变化
中小学教育	8.5	8.9	10.8	10.1	9.7	-1.2
财务/审计/税务/统计	7.4	7.5	7.3	7.7	8.0	-0.6
行政/后勤	7.2	7.3	6.9	6.9	7.2	0
互联网开发及应用	6.1	6.7	6.1	6.0	5.9	0.2
计算机与数据处理	5.9	5.8	5.8	5.7	5.9	0
金融（银行/基金/证券/期货/理财）	5.4	5.4	5.6	5.7	6.4	-1.0
销售	5.2	5.4	5.2	5.3	4.9	0.3
医疗保健/紧急救助	5.1	5.1	5.0	5.1	5.4	-0.3
建筑工程	4.9	5.6	6.2	5.9	5.9	-1.0
媒体/出版	4.2	3.9	3.6	3.8	4.1	0.1
电气/电子（不包括计算机）	3.8	3.6	3.5	3.5	3.2	0.6
机械/仪器仪表	2.6	2.3	2.3	2.3	2.3	0.3
美术/设计/创意	2.4	2.5	2.3	2.5	2.5	-0.1
生产/运营	2.3	2.5	2.1	2.2	2.0	0.3
生物/化工	2.1	1.8	1.7	1.6	1.5	0.6
人力资源	2.0	2.3	2.0	2.1	2.4	-0.4
幼儿与学前教育	1.9	1.8	1.7	1.7	1.9	0
表演艺术/影视	1.8	1.7	1.6	1.7	1.3	0.5
电力/能源	1.7	1.5	1.4	1.3	1.1	0.6
公安/检察/法院/经济执法	1.4	1.3	1.1	1.1	1.0	0.4

续表

本科职业类名称	2022届	2021届	2020届	2019届	2018届	五年变化
交通运输/邮电	1.4	1.6	1.6	1.7	1.3	0.1
社区工作者	1.4	0.8	0.7	0.6	0.6	0.8
机动车机械/电子	1.3	0.8	0.7	0.8	0.9	0.4
物流/采购	1.2	1.0	1.0	0.9	0.9	0.3
餐饮/娱乐	1.1	0.9	0.8	0.9	0.7	0.4
职业培训/其他教育	0.9	1.1	1.9	2.3	1.9	−1.0
经营管理	0.9	1.0	0.9	1.0	0.8	0.1
工业安全与质量	0.9	0.8	0.7	0.7	0.9	0
保险	0.8	0.8	0.9	1.0	1.0	−0.2
研究人员	0.8	0.7	0.7	0.6	0.6	0.2
农/林/牧/渔类	0.8	0.7	0.7	0.4	0.5	0.3
房地产经营	0.7	0.9	1.0	1.0	1.0	−0.3
文化/体育	0.7	0.8	0.7	0.7	0.9	−0.2
中等职业教育	0.7	0.7	0.8	—	—	—
酒店/旅游/会展	0.6	0.7	0.8	1.0	1.0	−0.4
环境保护	0.5	0.6	0.7	0.7	0.6	−0.1
律师/律政调查员	0.5	0.6	0.6	0.7	0.6	−0.1
矿山/石油	0.5	0.4	0.5	0.4	0.4	0.1
测绘	0.5	0.4	0.5	0.6	0.5	0
航空机械/电子	0.5	0.5	0.5	0.6	0.4	0.1
翻译	0.3	0.3	0.2	0.3	0.5	−0.2
冶金材料	0.3	0.2	0.2	0.2	0.2	0.1
服装/纺织/皮革	0.2	0.3	0.3	0.3	0.3	−0.1
公共关系	0.2	0.3	0.2	0.2	0.3	−0.1
美容/健身	0.1	0.1	0.1	0.2	0.2	−0.1
船舶机械	0.1	0.1	0.1	0.2	0.1	0

注：1."中等职业教育"为2020届新增职业类，因此无往届数据。
2. 表中显示数字均保留一位小数，因为四舍五入进位，加起来可能不等于100%。
资料来源：麦可思－中国2018~2022届大学毕业生培养质量跟踪评价。

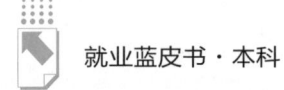

表 3-7　2022 届本科毕业生就业量最大的前 50 位职业

单位：%

本科职业名称	就业比例
文员	4.9
会计	3.4
小学教师	3.3
互联网开发人员	2.8
初中教师	2.4
银行柜员	2.3
计算机程序员	1.9
高中教师	1.9
护士	1.6
新媒体策划、编辑、运营人员	1.6
幼儿教师	1.4
电子商务专员	1.3
行政秘书和行政助理	1.3
审计人员	1.2
出纳员	1.2
建筑技术人员	1.0
化学技术人员	0.9
各类销售服务人员	0.9
教育培训人员	0.8
电子工程技术人员	0.8
施工工程技术人员	0.8
其他社区和村镇工作人员	0.8
人民警察	0.8
电气工程技术人员	0.7
电厂操作人员	0.7
信息支持与服务人员	0.7
土木工程技术人员	0.7
人力资源助理	0.6
中等职业教育教师	0.6
税务专员	0.6
医学和临床实验室技术人员	0.6
生物医学工程技术人员	0.6

续表

本科职业名称	就业比例
教学辅助人员	0.6
采购员	0.6
室内设计师	0.6
计算机软件应用工程技术人员	0.6
软件质量保证和测试工程技术人员	0.6
平面设计人员	0.5
运营经理	0.5
客服专员	0.5
数据统计分析人员	0.5
计算机技术支持人员	0.5
工业工程技术人员	0.5
发电站、变电站和中继站的电子和电气修理技术人员	0.5
营业员	0.5
招聘专职人员	0.5
市场专员	0.5
电气技术人员	0.5
社工	0.5
编辑	0.5

资料来源：麦可思－中国2022届大学毕业生培养质量跟踪评价。

（四）主要职业的就业稳定性

职业转换：职业转换是指毕业生在毕业半年后从事某种职业，毕业五年内由原职业转换到不同的职业。转换职业通常在工作单位内部完成的并不代表离职；反过来讲，更换雇主可能也不代表转换职业。

职业转换率：职业转换率是指有多大比例的毕业生在毕业五年内转换了职业。其计算方法为：分母是毕业半年后有工作的毕业生数，分子是毕业五年内从事的职业与毕业半年后从事的职业不同的毕业生数。

2017届本科毕业生工作五年内有37%转换了职业，与2016届（38%）基本持平。"双一流"院校、地方本科院校2017届毕业生工作五年内分别有

30%、38%的人转换了职业（见图3-6）。

从不同学科门类来看，艺术学、管理学、文学毕业生五年内的职业转换率（分别为45%、41%、41%）持续较高；医学毕业生五年内的职业转换率（18%）持续最低；另外，农学2017届毕业生五年内的职业转换率（36%）较2016届同期（41%）下降较多，毕业生的知农爱农意识以及长期从农意愿增强（见表3-8）。职业转换与岗位发展特点有关，艺术学、管理学、文学专业的就业口径较宽；医学毕业生从事专业相关工作的比例较高，岗位的专业性较强，稳定程度较高。

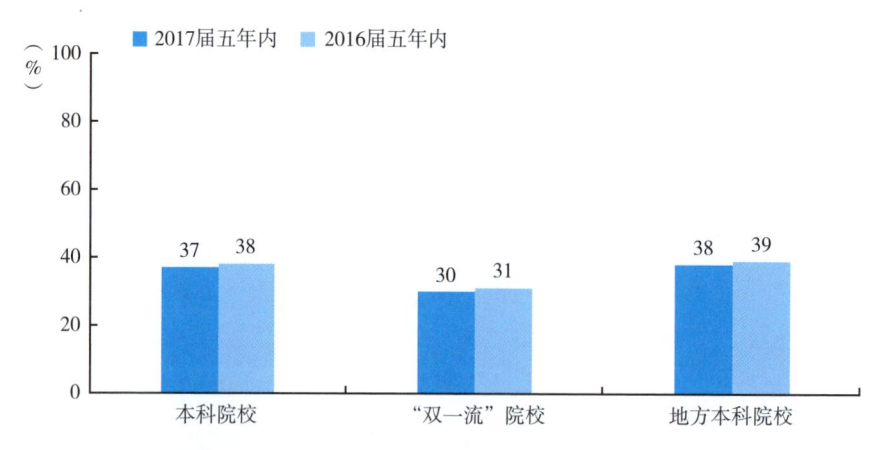

图3-6 2017届本科生毕业五年内的职业转换率

数据来源：麦可思-中国2016届、2017届大学毕业生五年后职业发展跟踪评价。

表3-8 2016届、2017届本科各学科门类毕业生五年内的职业转换率

单位：%

本科学科门类名称	2017届五年内职业转换率	2016届五年内职业转换率
艺术学	45	43
管理学	41	44
文学	41	43
经济学	40	40
法学	39	40
工学	37	39

本科毕业生就业结构分析

续表

本科学科门类名称	2017届五年内职业转换率	2016届五年内职业转换率
农学	36	41
理学	31	30
教育学	24	25
医学	18	18
全国本科	37	38

注：个别学科门类因为样本较少，没有包括在内。
资料来源：麦可思－中国2016届、2017届大学毕业生五年后职业发展跟踪评价。

三 用人单位流向分析

多重超预期因素给民营企业发展带来了诸多挑战，毕业生在民企就业的比例有所波动，但民企依然是吸纳毕业生就业的主力军，特别是其中的数字产业、高技术制造业对毕业生的吸纳水平稳步提升。具体来看，2022届本科毕业生在民营企业/个体就业的比例（51%）最高，其次是国有企业、政府机构/科研或其他事业单位（均为22%）（见图3-7）。

图3-7 2020~2022届本科毕业生就业的用人单位类型分布变化趋势

数据来源：麦可思－中国2020~2022届大学毕业生培养质量跟踪评价。

伴随着过去几年内国企、机关、事业单位对应届毕业生招录规模的扩大以及择业求稳求编制心态的加剧，毕业生在相关类型单位就业的比例有所上升。具体来看，2022届本科毕业生在国有企业、政府机构/科研或其他事业单位就业的比例均达到22%。当然这类政策性岗位开拓是暂时性的，民企在稳定增长、增加就业、开拓新领域等方面的作用不可替代。

从不同学科门类来看，艺术学、管理学、农学、文学、工学、理学、经济学毕业生在民企就业更多，医学、历史学、教育学毕业生主要在事业单位就业（医学主要是医疗卫生单位，历史学、教育学主要是中小学校），这也和各学科的人才培养目标定位和服务面向领域有关（见图3-8）。

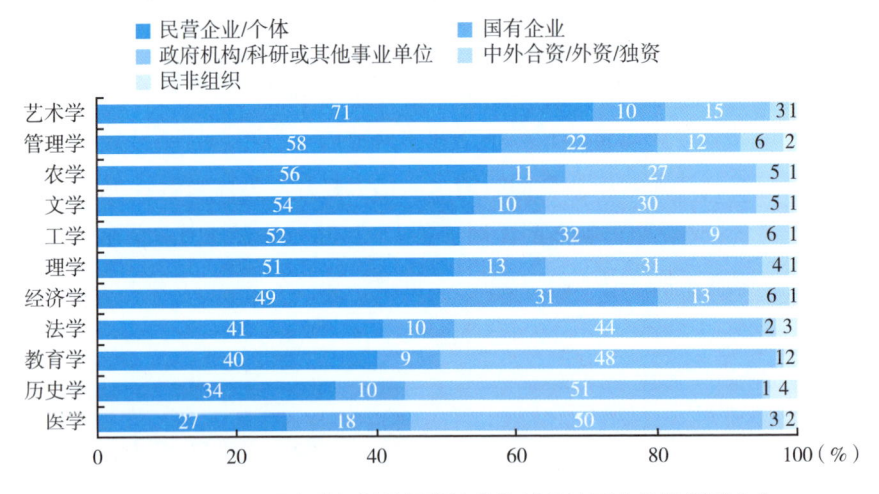

学科	民营企业/个体	政府机构/科研或其他事业单位	国有企业	中外合资/外资/独资	民非组织
艺术学	71	10	15	3	1
管理学	58	22	12	6	2
农学	56	11	27	5	1
文学	54	10	30	5	1
工学	52	32	9	6	1
理学	51	13	31	4	1
经济学	49	31	13	6	1
法学	41	10	44	2	3
教育学	40	9	48	1	2
历史学	34	10	51	1	4
医学	27	18	50	3	2

图3-8　2022届本科各学科门类毕业生就业的用人单位类型分布

注：个别学科门类因为样本较少，没有包括在内。
数据来源：麦可思-中国2022届大学毕业生培养质量跟踪评价。

中小微企业是吸纳本科毕业生的主体，2022届毕业生在中小微企业就业的比例有所回升。具体来看，2022届本科毕业生在300人及以下规模企业就业的比例（48%）最高，较2021届上升了2个百分点，与2020届持平；其次是3000人以上规模的大型企业（27%），近三年维持稳定（见图3-9）。在外部环境变化的影响下，对中小微企业的培育和扶持政策需要持续完善。

本科毕业生就业结构分析

图 3-9　2020~2022 届本科毕业生就业的用人单位规模分布变化趋势

数据来源：麦可思 - 中国 2020~2022 届大学毕业生培养质量跟踪评价。

从不同学科门类来看，人文社科类毕业生在 300 人及以下规模的单位就业更多，主要为教育学、艺术学、文学、历史学、法学。此外，相对于别的学科门类，工学、经济学毕业生在 3000 人以上规模单位就业的比例（分别为 38%、36%）更高（见图 3-10）。

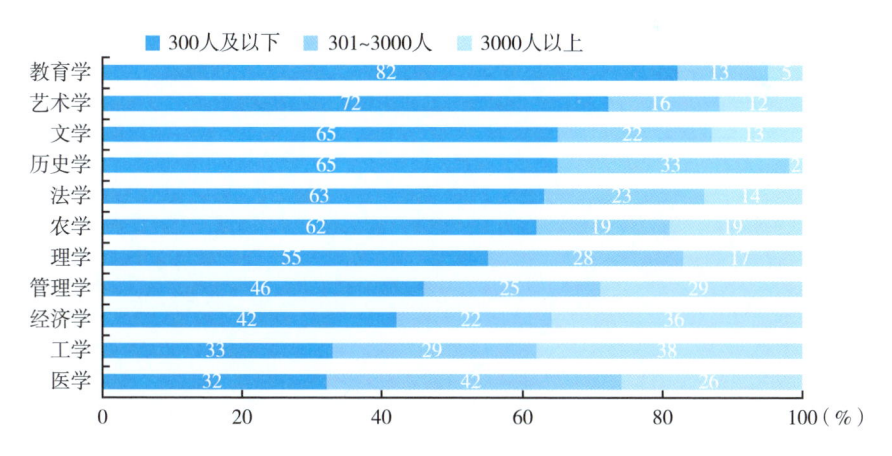

图 3-10　2022 届本科各学科门类就业的用人单位规模分布

注：个别学科门类因为样本较少，没有包括在内。
数据来源：麦可思 - 中国 2022 届大学毕业生培养质量跟踪评价。

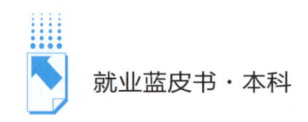

四 专业预警分析

红牌专业指的是失业量较大，毕业去向落实率、薪资和就业满意度综合较低的专业。黄牌专业指的是除红牌专业外，失业量较大，毕业去向落实率、薪资和就业满意度综合较低的专业。绿牌专业指的是失业量较小，毕业去向落实率、薪资和就业满意度综合较高的专业，为需求增长型专业。红黄绿牌专业反映的是全国总体情况，各省区、各高校情况可能会有差别。另外需要特别说明的是，红黄绿牌专业是基于各专业连续多年应届毕业生就业质量变化趋势综合判断的，部分近年来新增数量较多的专业（如人工智能、数据科学与大数据技术、机器人工程）由于尚无成规模、成趋势的毕业生就业数据，暂未包括在内。

2023年本科就业绿牌专业包括：信息工程、微电子科学与工程、电气工程及其自动化、能源与动力工程、道路桥梁与渡河工程、机械电子工程。其中，信息工程连续三届绿牌。行业需求增长是造就绿牌专业的主要因素。

2023年本科就业红牌专业包括：汉语国际教育、法学、教育技术学、绘画、应用心理学。其中，法学、绘画、应用心理学连续三届红牌。这与相关专业毕业生供需矛盾有关（见表3-9）。

表3-9 2023年本科"红黄绿牌"专业

红牌专业	黄牌专业	绿牌专业
汉语国际教育	英语	信息工程
法学	美术学	微电子科学与工程
教育技术学	翻译	电气工程及其自动化
绘画	音乐表演	能源与动力工程
应用心理学		道路桥梁与渡河工程
		机械电子工程

资料来源：麦可思-中国2020~2022届大学毕业生培养质量跟踪评价。

B.4
本科毕业生收入分析

摘　要： 应届本科毕业生薪资水平稳步提升，同时高等教育所带来的经济回报在时间推移过程中愈发明显，五年后，毕业生的薪资达到了刚毕业时的 2.2 倍。数字经济相关行业的薪资水平保持领先地位，其中软件开发、智能设备制造、集成电路、信息基础设施等数字经济核心产业的薪资优势明显；京津冀、长三角和珠三角地区数字经济发达，薪资竞争力较强；新一线城市数字经济不断发展壮大，薪资增长较快。此外，伴随着战略性新兴产业集群的培育，新能源汽车、新材料和绿色低碳等产业得以快速发展，相关专业毕业生的月收入增长较为明显。

关键词： 教育回报　薪资增长　地区收入差异　行业薪资水平　本科生

一　总体收入分析

应届本科毕业生薪资稳步提升。从近五年的数据来看，应届本科毕业生月收入[①]基本呈现逐年上升的趋势，2022 届达到 5990 元，涨幅达 16.7%（剔除通货膨胀因素影响后涨幅达 7.5%），明显高于城镇居民 2022 年月均可支配收入（4107 元）。从不同院校类型来看，近五年"双一流"院校、地方本科院校毕业生薪资均有提升，2022 届分别达到 7336 元、5721 元，"双一流"院校增长更快（见图 4-1、图 4-2）。

---

① 月收入：指工资、奖金、业绩提成、现金福利补贴等所有的月度现金收入。

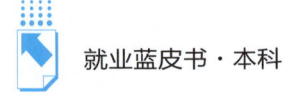

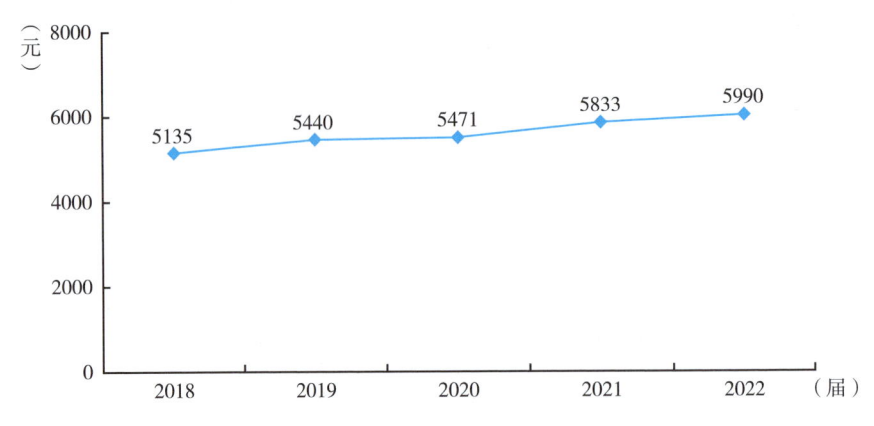

图 4-1　2018~2022 届本科生毕业半年后的月收入变化趋势

数据来源：麦可思 - 中国 2018~2022 届大学毕业生培养质量跟踪评价。

图 4-2　2018~2022 届各类本科院校毕业生毕业半年后的月收入变化趋势

数据来源：麦可思 - 中国 2018~2022 届大学毕业生培养质量跟踪评价。

高等教育回报在毕业三到五年的时间段内充分显现。从毕业生毕业三年和毕业五年[①]的薪资水平来看，毕业三年后（2019 届）的月收入达到 9074 元，与同届毕业时（5440 元）相比涨幅达 67%；毕业五年后（2017 届）的月收入

---

① 毕业三年后和毕业五年后月收入：分别指的是 2019 届大学生毕业三年后和 2017 届大学生毕业五年后的月收入。
毕业三年后月收入涨幅=（毕业三年后的月收入 - 毕业半年后的月收入）/ 毕业半年后的月收入。
毕业五年后月收入涨幅=（毕业五年后的月收入 - 毕业半年后的月收入）/ 毕业半年后的月收入。

本科毕业生收入分析

进一步达到10709元，与同届毕业时（4774元）相比涨幅达到124%。

从不同院校类型来看，"双一流"院校的长期回报更显著。相比毕业半年时月收入，"双一流"院校和地方本科院校2019届毕业生在毕业三年后的月收入涨幅分别为68%、66%，2017届毕业生毕业五年后月收入涨幅分别达到140%、121%（见图4-3、图4-4）。

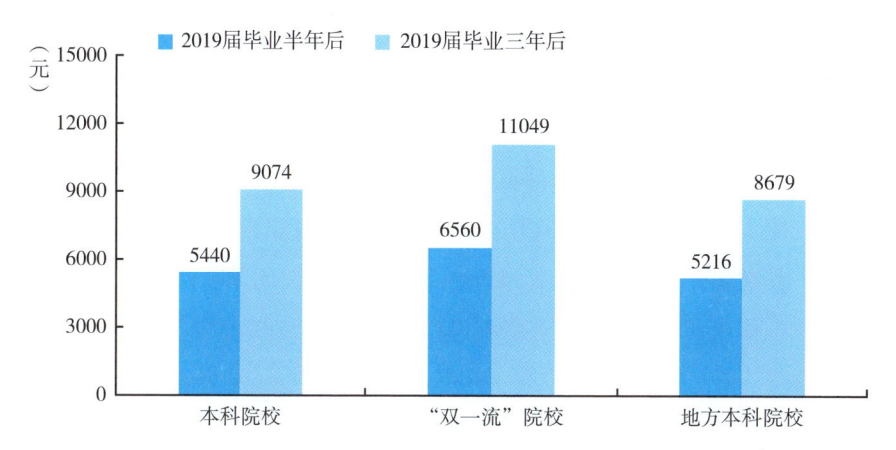

（元）	2019届毕业半年后	2019届毕业三年后
本科院校	5440	9074
"双一流"院校	6560	11049
地方本科院校	5216	8679

图4-3　2019届本科生毕业三年后的月收入（与2019届毕业半年后对比）

数据来源：麦可思-中国2019届大学毕业生三年后职业发展跟踪评价，2019届大学毕业生培养质量跟踪评价。

（元）	2017届毕业半年后	2017届毕业三年后	2017届毕业五年后
本科院校	4774	8279	10709
"双一流"院校	5691	9973	13635
地方本科院校	4590	7940	10124

图4-4　2017届本科生毕业五年后的月收入（与2017届毕业半年后、毕业三年后对比）

数据来源：麦可思-中国2017届大学毕业生五年后职业发展跟踪评价，2017届大学毕业生三年后职业发展跟踪评价，2017届大学毕业生培养质量跟踪评价。

二 各专业收入分析

工科专业毕业生主要服务于装备制造、数字经济、能源供应等领域，整体月收入保持明显优势。从各学科门类毕业生毕业半年后的月收入来看，工学月收入持续最高，2022届为6610元；经济学和管理学月收入（2022届分别为6003元、5843元）分别列第二、三位。教育学月收入（2022届为4867元）相对较低，这类专业毕业生主要服务于公办教育机构。薪资水平与就业市场人才供需情况、行业发展水平以及用人单位起薪水平均有一定关系（见表4-1）。

从毕业三年后和五年后的月收入来看，工学月收入水平与增长幅度均保持领先。具体来看，工学毕业生在毕业三年后和毕业五年后的月收入均领先于其他学科，其涨幅分别达到78%、143%，均排名第一。此外，管理学、经济学、医学毕业生毕业五年后的月收入涨幅也相对较高，特别是医学，呈现起薪低涨幅大的就业特征，需要更多地关注其中长期的职业发展（见表4-2、表4-3）。

表4-1 2020~2022届本科各学科门类毕业生毕业半年后的月收入

单位：元

本科学科门类名称	2022届	2021届	2020届
工学	6610	6323	5913
经济学	6003	5841	5524
管理学	5843	5744	5381
理学	5759	5689	5458
文学	5509	5399	5197
农学	5501	5381	4984
医学	5424	5152	4960
艺术学	5404	5475	5182
法学	5339	5222	4963
历史学	5134	4848	4610
教育学	4867	4935	4846
全国本科	5990	5833	5471

注：个别学科门类因为样本较少，没有包括在内。
资料来源：麦可思－中国2020~2022届大学毕业生培养质量跟踪评价。

本科毕业生收入分析

表 4-2　2019 届本科各学科门类毕业生毕业三年后的月收入与涨幅

单位：元，%

本科学科门类名称	毕业三年后的平均月收入	毕业半年后的平均月收入	月收入涨幅
工学	10327	5809	78
经济学	9458	5519	71
管理学	8589	5350	61
理学	8560	5392	59
农学	8299	4972	67
艺术学	8233	5256	57
医学	8147	5005	63
法学	8103	4960	63
文学	8061	5234	54
教育学	7032	4778	47
全国本科	9074	5440	67

注：个别学科门类因为样本较少，没有包括在内。

资料来源：麦可思－中国 2019 届大学毕业生三年后职业发展跟踪评价，2019 届大学毕业生培养质量跟踪评价。

表 4-3　2017 届本科各学科门类毕业生毕业五年后的月收入与涨幅

单位：元，%

本科学科门类名称	毕业五年后的月收入	毕业半年后的月收入	月收入涨幅
工学	12293	5067	143
经济学	11189	4889	129
管理学	10755	4613	133
艺术学	9697	4465	117
农学	9680	4346	123
理学	9651	4720	104
法学	9510	4382	117
医学	9435	4198	125
文学	9048	4633	95
教育学	8253	4251	94
全国本科	10709	4774	124

注：个别学科门类因为样本较少，没有包括在内。

资料来源：麦可思－中国 2017 届大学毕业生五年后职业发展跟踪评价，2017 届大学毕业生培养质量跟踪评价。

计算机类专业毕业生起薪保持领先，与此同时伴随着新一代信息技术、智能制造等产业的发展，电子信息类、自动化类等类型专业毕业生起薪增长较快，与计算机类专业的差距不断缩小。2022届计算机类、电子信息类、自动化类、仪器类专业月收入排名靠前，分别为6863元、6662元、6658元、6631元（见表4-4）。

表4-4 2020~2022届本科主要专业类毕业生毕业半年后的月收入

单位：元

本科专业类名称	2022届	2021届	2020届
计算机类	6863	6886	6800
电子信息类	6662	6429	6091
自动化类	6658	6356	5917
仪器类	6631	6323	5984
电气类	6396	6068	5619
机械类	6368	5972	5536
安全科学与工程类	6294	5964	5679
管理科学与工程类	6249	6104	5701
材料类	6246	5843	5371
土木类	6245	5931	5501
能源动力类	6244	6026	5597
统计学类	6217	5957	5597
测绘类	6207	6008	5617
交通运输类	6126	5924	5664
财政学类	6125	5897	5568
金融学类	6122	5872	5587
物流管理与工程类	6087	5839	5450
矿业类	5969	5598	5161
化工与制药类	5913	5744	5364
经济学类	5911	5751	5451
生物工程类	5843	5477	5210
数学类	5820	5758	5632

续表

本科专业类名称	2022届	2021届	2020届
工商管理类	5809	5633	5305
新闻传播学类	5792	5724	5498
环境科学与工程类	5776	5403	5015
电子商务类	5738	5892	5829
建筑类	5733	5854	5494
药学类	5702	5405	5125
轻工类	5678	5491	5350
物理学类	5637	5477	5203
化学类	5594	5408	5124
外国语言文学类	5547	5438	5238
经济与贸易类	5545	5460	5378
林学类	5504	5359	5051
中药学类	5461	5195	4972
公共卫生与预防医学类	5459	5110	5004
设计学类	5434	5482	5166
公共管理类	5433	5217	5073
地理科学类	5420	5330	5125
戏剧与影视学类	5407	5400	5069
社会学类	5389	5188	4868
生物科学类	5368	5210	5071
护理学类	5353	5209	5164
食品科学与工程类	5337	5159	4732
医学技术类	5312	5069	4865
法学类	5304	5125	4895
中国语言文学类	5268	5103	5025
旅游管理类	5210	5149	4983
植物生产类	5170	5120	4757
心理学类	5169	5185	4896
历史学类	5134	4848	4584
音乐与舞蹈学类	5067	5240	5216

续表

本科专业类名称	2022届	2021届	2020届
体育学类	5064	5127	5107
临床医学类	4889	4908	4743
口腔医学类	4821	4829	4629
美术学类	4811	4912	4859
马克思主义理论类	4786	4754	4641
教育学类	4522	4551	4460
中医学类	4469	4271	4047
全国本科	5990	5833	5471

注：个别专业类因为样本较少，没有包括在内。
资料来源：麦可思－中国2020~2022届大学毕业生培养质量跟踪评价。

随着新材料、绿色低碳等产业的不断发展以及能源革命的深入推进，相关专业月收入增速较快。从近三年月收入增速来看，材料类、矿业类、环境科学与工程类、机械类专业月收入增长较快，与2020届相比增长率均达到或超过15%，分别为16.3%、15.7%、15.2%、15.0%。音乐与舞蹈学类、电子商务类、美术学类、体育学类专业月收入出现负增长，这跟文体娱乐、社会消费等领域受到多重超预期因素影响有关；另外，计算机类专业月收入增长率较低，这也和互联网产业利润总额增速放缓有关（见表4-5、表4-6）。

表4-5　2022届本科毕业生毕业半年后月收入增长最快的前十位专业类
（与2020届对比）

单位：%，元

本科专业类名称	增长率	2022届	2020届
材料类	16.3	6246	5371
矿业类	15.7	5969	5161
环境科学与工程类	15.2	5776	5015
机械类	15.0	6368	5536
电气类	13.8	6396	5619
土木类	13.5	6245	5501

本科毕业生收入分析

续表

本科专业类名称	增长率	2022 届	2020 届
食品科学与工程类	12.8	5337	4732
自动化类	12.5	6658	5917
生物工程类	12.1	5843	5210
历史学类	12.0	5134	4584
全国本科	9.5	5990	5471

注：月收入的"增长率"=（2022 届毕业生的平均月收入－2020 届毕业生的平均月收入）/2020 届毕业生的平均月收入。月收入增长的幅度可能会受到基数的影响。毕业生规模过小的专业类不包括在此排序中。

资料来源：麦可思－中国 2020 届、2022 届大学毕业生培养质量跟踪评价。

表 4-6　2022 届本科毕业生毕业半年后月收入增长最慢的前十位专业类（与 2020 届对比）

单位：%，元

本科专业类名称	增长率	2022 届	2020 届
音乐与舞蹈学类	-2.9	5067	5216
电子商务类	-1.6	5738	5829
美术学类	-1.0	4811	4859
体育学类	-0.8	5064	5107
计算机类	0.9	6863	6800
教育学类	1.4	4522	4460
临床医学类	3.1	4889	4743
经济与贸易类	3.1	5545	5378
马克思主义理论类	3.1	4786	4641
数学类	3.3	5820	5632
全国本科	9.5	5990	5471

注：毕业生规模过小的专业类不包括在此排序中。

资料来源：麦可思－中国 2020 届、2022 届大学毕业生培养质量跟踪评价。

从毕业三年后和五年后来看，计算机类、电子信息类专业月收入持续位列前两位，其毕业五年后月收入分别达到 14425 元、12995 元。此外，与自身

053

毕业时初始月收入相比,建筑类、能源动力类、土木类、电气类专业毕业生毕业五年后的月收入涨幅较高,均在150%以上(见表4-7、表4-8)。

表4-7 2019届本科主要专业类毕业生毕业三年后的月收入与涨幅

单位:元,%

本科专业类名称	毕业三年后的月收入	毕业半年后的月收入	月收入涨幅
计算机类	11440	6858	67
电子信息类	10653	6145	73
自动化类	10172	5899	72
管理科学与工程类	9939	5625	77
交通运输类	9760	5630	73
电子商务类	9630	5745	68
金融学类	9602	5638	70
建筑类	9572	5360	79
电气类	9490	5489	73
机械类	9398	5513	70
能源动力类	9245	5424	70
材料类	9196	5277	74
土木类	9115	5324	71
经济与贸易类	8893	5332	67
新闻传播学类	8819	5443	62
环境科学与工程类	8781	4878	80
物流管理与工程类	8778	5435	62
数学类	8717	5576	56
经济学类	8590	5455	57
设计学类	8528	5137	66
医学技术类	8502	4848	75
戏剧与影视学类	8488	5028	69
护理学类	8423	5235	61
药学类	8267	5090	62
地理科学类	8160	5063	61
法学类	8119	4926	65

续表

本科专业类名称	毕业三年后的月收入	毕业半年后的月收入	月收入涨幅
工商管理类	8119	5268	54
外国语言文学类	8052	5336	51
化工与制药类	7945	5226	52
物理学类	7937	5182	53
临床医学类	7930	4759	67
食品科学与工程类	7913	4752	67
生物科学类	7861	5094	54
旅游管理类	7795	5002	56
公共管理类	7772	5085	53
化学类	7595	5059	50
美术学类	7465	4927	52
体育学类	7323	5189	41
教育学类	6951	4390	58
中国语言文学类	6917	5050	37
音乐与舞蹈学类	6839	5303	29
全国本科	9074	5440	67

注：个别专业类因为样本较少，没有包括在内。

资料来源：麦可思-中国2019届大学毕业生三年后职业发展跟踪评价，2019届大学毕业生培养质量跟踪评价。

表4-8　2017届本科主要专业类毕业生毕业五年后的月收入与涨幅

单位：元，%

本科专业类名称	毕业五年后的月收入	毕业半年后的月收入	月收入涨幅
计算机类	14425	6056	138
电子信息类	12995	5473	137
建筑类	12460	4634	169
能源动力类	12309	4665	164
自动化类	12293	5250	134
管理科学与工程类	11769	4797	145

续表

本科专业类名称	毕业五年后的月收入	毕业半年后的月收入	月收入涨幅
电气类	11705	4662	151
机械类	11529	4717	144
仪器类	11444	5038	127
土木类	11425	4528	152
金融学类	11200	5086	120
经济学类	11105	4766	133
材料类	11011	4650	137
经济与贸易类	10914	4612	137
物流管理与工程类	10764	4728	128
安全科学与工程类	10550	4868	117
工商管理类	10487	4521	132
戏剧与影视学类	10274	4526	127
法学类	10271	4210	144
环境科学与工程类	10146	4379	132
设计学类	10117	4563	122
数学类	10112	4875	107
新闻传播学类	9994	4685	113
公共管理类	9865	4569	116
心理学类	9735	4226	130
药学类	9711	4370	122
化工与制药类	9587	4452	115
旅游管理类	9495	4238	124
临床医学类	9426	4055	132
护理学类	9424	4322	118
物理学类	9360	4597	104
食品科学与工程类	9301	4388	112
化学类	9247	4224	119
外国语言文学类	9126	4676	95

本科毕业生收入分析

续表

本科专业类名称	毕业五年后的月收入	毕业半年后的月收入	月收入涨幅
生物科学类	8806	4384	101
体育学类	8750	4705	86
美术学类	8591	4313	99
地理科学类	8549	4320	98
音乐与舞蹈学类	8348	4391	90
教育学类	7914	3963	100
中国语言文学类	7769	4411	76
全国本科	10709	4774	124

注：个别专业类因为样本较少，没有包括在内。
资料来源：麦可思－中国2017届大学毕业生五年后职业发展跟踪评价，2017届大学毕业生培养质量跟踪评价。

与信息服务、半导体与集成电路、大数据、软件开发相关的专业薪资优势明显，2022届本科生毕业半年后月收入50强中，信息安全、信息工程、数据科学与大数据技术、软件工程、电子科学与技术位列前五。

表4-9 2022届本科生毕业半年后月收入排前50位的主要专业

单位：元

本科专业名称	毕业半年后的平均月收入
信息安全	7579
信息工程	7157
数据科学与大数据技术	7074
软件工程	7056
电子科学与技术	6971
微电子科学与工程	6889
网络工程	6878
物联网工程	6870
电子信息科学与技术	6761
自动化	6698

续表

本科专业名称	毕业半年后的平均月收入
计算机科学与技术	6686
信息管理与信息系统	6667
测控技术与仪器	6631
光电信息科学与工程	6583
工业工程	6559
道路桥梁与渡河工程	6543
电子信息工程	6514
材料成型及控制工程	6493
机械工程	6481
机械电子工程	6447
生物医学工程	6408
机械设计制造及其自动化	6407
金融学	6394
通信工程	6391
材料科学与工程	6383
电气工程及其自动化	6376
交通运输	6373
能源与动力工程	6311
过程装备与控制工程	6309
安全工程	6294
信息与计算科学	6270
统计学	6260
数字媒体技术	6255
高分子材料与工程	6248
水利水电工程	6233
建筑电气与智能化	6225
土木工程	6222
工业设计	6221
地质工程	6178
物流工程	6178

续表

本科专业名称	毕业半年后的平均月收入
测绘工程	6177
金融工程	6169
税收学	6156
建筑学	6130
车辆工程	6094
物流管理	6084
给排水科学与工程	6081
应用物理学	6077
建筑环境与能源应用工程	6073
产品设计	6070
全国本科	5990

注：毕业生规模过小的专业不包括在此排序中。
资料来源：麦可思-中国 2022 届大学毕业生培养质量跟踪评价。

三 就业地收入分析

不同区域的薪资水平差异明显，东部地区优势突出，应届本科毕业生在东部地区的薪资水平明显保持领先，且工作一段时间后的涨幅较大。具体来看，2022 届在东部地区就业的本科毕业生月收入为 6578 元，且毕业三年后、五年后月收入及涨幅也明显高于其他地区（见表 4-10、表 4-11、表 4-12）。东部地区交汇了京津冀协同发展、粤港澳大湾区建设、长三角一体化发展等多个区域重大战略，整体实力较强，数字经济、战略性新兴产业发展程度较高，具有较强的薪资竞争力，毕业生流入较多；受过高等教育人才的持续流入反过来也进一步促进了经济和产业的发展。

从三大经济区域来看，在长三角地区就业的毕业生毕业半年后、三年后、五年后月收入均保持领先（见表 4-13、表 4-14、表 4-15）。

表4-10 2020~2022届本科生毕业半年后在各区域就业的月收入变化趋势

单位：元

各区域	2022届	2021届	2020届
东部地区	6578	6395	6030
西部地区	5370	5288	4955
中部地区	5192	5094	4809
东北地区	4959	4713	4494
全国本科	5990	5833	5471

资料来源：麦可思-中国2020~2022届大学毕业生培养质量跟踪评价。

表4-11 2019届本科生毕业三年后在各区域就业的月收入与涨幅

单位：元，%

经济区域	毕业三年后的月收入	毕业半年后的月收入	月收入涨幅
东部地区	10221	5909	73
西部地区	7807	4944	58
中部地区	7239	4779	51
东北地区	6738	4481	50
全国本科	9074	5440	67

资料来源：麦可思-中国2019届大学毕业生三年后职业发展跟踪评价，2019届大学毕业生培养质量跟踪评价。

表4-12 2017届本科生毕业五年后在各区域就业的月收入与涨幅

单位：元，%

经济区域	毕业五年后的月收入	毕业半年后的月收入	月收入涨幅
东部地区	12306	5133	140
西部地区	9142	4306	112
中部地区	8873	4353	104
东北地区	8103	3943	106
全国本科	10709	4774	124

资料来源：麦可思-中国2017届大学毕业生五年后职业发展跟踪评价，2017届大学毕业生培养质量跟踪评价。

本科毕业生收入分析

表 4-13　2020~2022 届本科生毕业半年后在三大经济区域就业的月收入变化趋势

单位：元

三大经济区域	2022 届	2021 届	2020 届
长三角地区	6631	6492	6150
珠三角地区	6585	6431	6067
京津冀地区	6522	6366	5982
全国本科	5990	5833	5471

资料来源：麦可思－中国 2020~2022 届大学毕业生培养质量跟踪评价。

表 4-14　2019 届本科生毕业三年后在三大经济区域就业的月收入与涨幅

单位：元，%

三大经济区域	毕业三年后的月收入	毕业半年后的月收入	月收入涨幅
长三角地区	10398	6120	70
京津冀地区	10249	5902	74
珠三角地区	10110	6046	67
全国本科	9074	5440	67

资料来源：麦可思－中国 2019 届大学毕业生三年后职业发展跟踪评价，2019 届大学毕业生培养质量跟踪评价。

表 4-15　2017 届本科生毕业五年后在三大经济区域就业的月收入与涨幅

单位：元，%

三大经济区域	毕业五年后的月收入	毕业半年后的月收入	月收入涨幅
长三角地区	12550	5212	141
珠三角地区	12339	5169	139
京津冀地区	12282	5112	140
全国本科	10709	4774	124

资料来源：麦可思－中国 2017 届大学毕业生五年后职业发展跟踪评价，2017 届大学毕业生培养质量跟踪评价。

新一线城市的特色优势产业不断发展，特别是数字经济相关领域对毕业生的吸引力和吸纳水平提升，发展潜力进一步释放。从近五年应届本科毕业生在一线城市、新一线城市就业的月收入来看，一线城市的月收入水平在 2022 届为 7549 元，相比 2018 届增长 16%；新一线城市的月收入水平在 2022

届为 6324 元，相比 2018 届增长 24%，增速高于一线城市，在剔除住房成本后，新一线城市就业的本科毕业生购买力不低于一线城市（见图 4-5）。

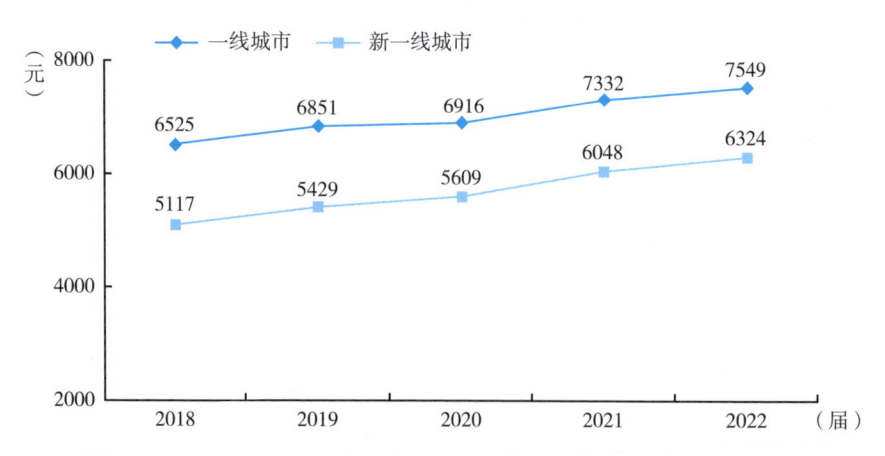

图 4-5　2018~2022 届本科生毕业半年后在一线、新一线城市就业的月收入变化趋势

数据来源：麦可思－中国 2018~2022 届大学毕业生培养质量跟踪评价。

另外，从毕业生职场中期的月收入增长来看，毕业三年后在一线城市、新一线城市的薪资涨幅均在 70% 以上（见图 4-6）。毕业五年后，薪资涨幅

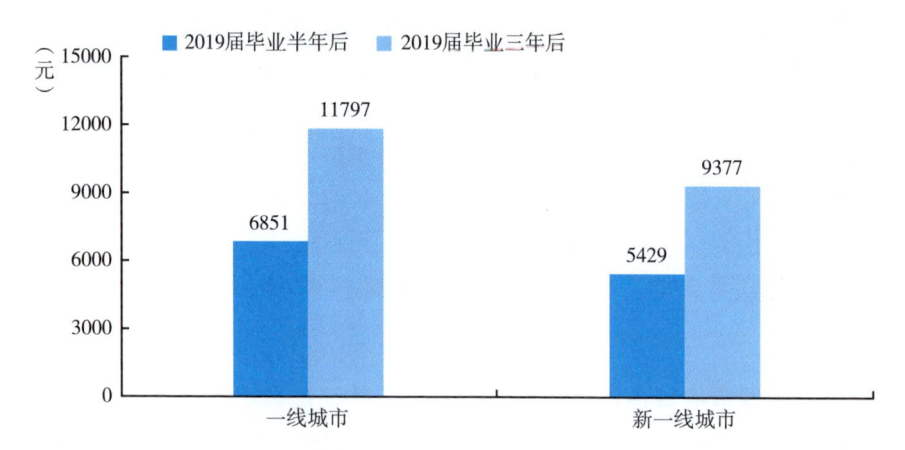

图 4-6　2019 届本科生毕业三年后在一线、新一线城市就业的月收入

数据来源：麦可思－中国 2019 届大学毕业生三年后职业发展跟踪评价，2019 届大学毕业生培养质量跟踪评价。

进一步扩大，其中，一线城市月收入达到15229元，与同届毕业时相比薪资涨幅达到155%；新一线城市月收入达到11585元，涨幅达到149%（见图4-7），高于全国本科平均水平（毕业五年后涨幅124%）。新一线城市不断培育和发展自身的特色优势产业，其对人才的吸引力不断增强，薪资水平也将进一步提升。

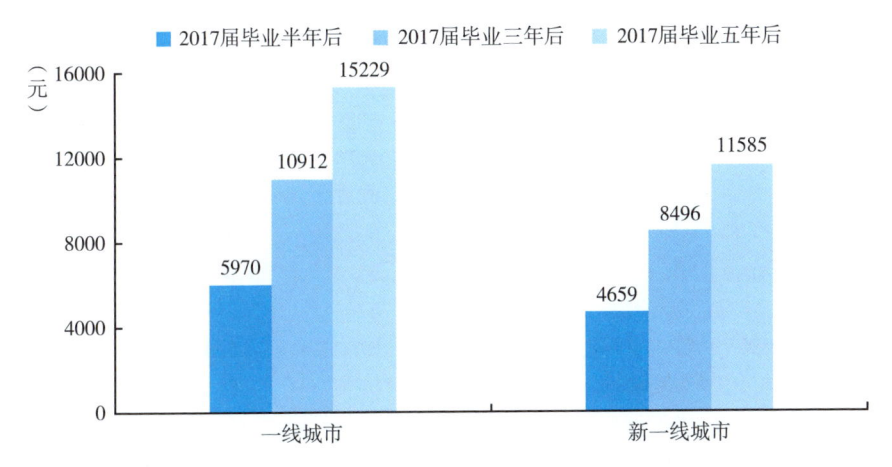

图4-7 2017届本科生毕业五年后在一线、新一线城市就业的月收入
（与2017届毕业半年后、毕业三年后对比）

数据来源：麦可思-中国2017届大学毕业生五年后职业发展跟踪评价，2017届大学毕业生三年后职业发展跟踪评价，2017届大学毕业生培养质量跟踪评价。

四 行业、职业收入分析

信息传输、软件和信息技术服务业月收入继续领跑行业薪酬榜，在2022届达到7113元。电子电气设备制造业的薪资水平也相对较高，位列第二，2022届达到6833元。另外伴随着新能源汽车产业的发展，交通运输设备制造业的月收入增长较快，2022届（6456元）排名升至第三位（见表4-16）。

表 4-16 2020~2022 届本科生毕业半年后在主要行业类的月收入

单位：元

本科行业类名称	2022届	2021届	2020届
信息传输、软件和信息技术服务业	7113	6781	6475
电子电气设备制造业（含计算机、通信、家电等）	6833	6508	6021
交通运输设备制造业	6456	5971	5531
金融业	6372	6100	5769
运输业	6332	6351	6317
电力、热力、燃气及水生产和供应业	6263	5882	5502
医药及设备制造业	6242	5791	5346
建筑业	6089	5844	5400
机械设备制造业	6074	5521	5061
其他制造业	6037	5606	5246
化学品、化工、塑胶制造业	5973	5445	5018
采矿业	5924	5488	5058
邮递、物流及仓储业	5764	5484	5224
各类专业设计与咨询服务业	5753	5552	5284
初级金属制造业	5716	5218	4788
零售业	5704	5638	5331
文化、体育和娱乐业	5692	5776	5500
房地产开发及租赁业	5645	5618	5388
食品、烟草、加工业	5623	5387	4965
农、林、牧、渔业	5477	5089	4764
家具制造业	5470	5249	4959
行政、商业和环境保护辅助业	5353	5295	4922
纺织、服装、皮革制造业	5288	5081	4700
批发业	5285	5156	5019
医疗和社会护理服务业	5244	5113	4955
玻璃黏土、石灰水泥制品业	5237	4948	4681
居民服务、修理和其他服务业	5083	5088	4765
政府及公共管理	5057	5049	4972
教育业	4982	5062	5032
住宿和餐饮业	4899	4849	4640
全国本科	5990	5833	5471

注：个别行业类因为样本较少，没有包括在内。

资料来源：麦可思－中国 2020~2022 届大学毕业生培养质量跟踪评价。

本科毕业生收入分析

从月收入增长最快和最慢的五大行业类来看，机械、冶金、化工、采矿、制药等工业领域在多重超预期因素影响下月收入保持稳步增长，与2020届相比增长率均在16%以上；"双减"政策实施以来教育培训机构得到进一步治理和规范，这也影响了教育业整体薪资水平，其2022届月收入与2020届相比略有下降（见表4-17、表4-18）。

表4-17　2022届本科生毕业半年后月收入增长最快的前五位行业类（与2020届对比）

单位：%，元

本科行业类名称	增长率	2022届	2020届
机械设备制造业	20.0	6074	5061
初级金属制造业	19.4	5716	4788
化学品、化工、塑胶制造业	19.0	5973	5018
采矿业	17.1	5924	5058
医药及设备制造业	16.8	6242	5346
全国本科	9.5	5990	5471

注：毕业生规模过小的行业类不包括在此排序中。
资料来源：麦可思－中国2020届、2022届大学毕业生培养质量跟踪评价。

表4-18　2022届本科生毕业半年后月收入增长最慢的前五位行业类（与2020届对比）

单位：%，元

本科行业类名称	增长率	2022届	2020届
教育业	-1.0	4982	5032
运输业	0.2	6332	6317
政府及公共管理	1.7	5057	4972
文化、体育和娱乐业	3.5	5692	5500
房地产开发及租赁业	4.8	5645	5388
全国本科	9.5	5990	5471

注：毕业生规模过小的行业类不包括在此排序中。
资料来源：麦可思－中国2020届、2022届大学毕业生培养质量跟踪评价。

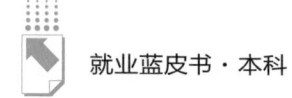

从毕业生职场中期的月收入来看，信息传输、软件和信息技术服务业以及电子电气设备制造业三年后、五年后薪资排名均靠前；从月收入涨幅来看，交通运输设备制造业五年后涨幅（164%）最高（见表4-19、表4-20）。

表4-19　2019届本科生毕业三年后在主要行业类的月收入与涨幅

单位：元，%

本科行业类名称	毕业三年后的月收入	毕业半年后的月收入	月收入涨幅
信息传输、软件和信息技术服务业	11244	6570	71
电子电气设备制造业（含计算机、通信、家电等）	10462	6033	73
金融业	9751	5799	68
各类专业设计与咨询服务业	9350	5386	74
零售业	9172	5209	76
文化、体育和娱乐业	9133	5596	63
交通运输设备制造业	9090	5455	67
建筑业	9071	5305	71
医药及设备制造业	9053	5239	73
运输业	8735	6218	40
房地产开发及租赁业	8719	5395	62
电力、热力、燃气及水生产和供应业	8632	5409	60
机械设备制造业	8460	4956	71
食品、烟草、加工业	8301	4897	70
批发业	8288	5009	65
化学品、化工、塑胶制造业	8215	4923	67
邮递、物流及仓储业	8143	5178	57
其他制造业	7963	5241	52
农、林、牧、渔业	7888	4636	70
采矿业	7862	4965	58
医疗和社会护理服务业	7848	4969	58
纺织、服装、皮革制造业	7743	4628	67
居民服务、修理和其他服务业	7690	4831	59
住宿和餐饮业	7639	4758	61

本科毕业生收入分析

续表

本科行业类名称	毕业三年后的月收入	毕业半年后的月收入	月收入涨幅
行政、商业和环境保护辅助业	7361	4852	52
教育业	7033	5007	40
政府及公共管理	6957	4944	41
全国本科	9074	5440	67

注：个别行业类因为样本较少，没有包括在内。
资料来源：麦可思－中国2019届大学毕业生三年后职业发展跟踪评价，2019届大学毕业生培养质量跟踪评价。

表4-20　2017届本科生毕业五年后在主要行业类的月收入与涨幅

单位：元，%

本科行业类名称	毕业五年后的月收入	毕业半年后的月收入	月收入涨幅
信息传输、软件和信息技术服务业	14264	5818	145
电子电气设备制造业（含计算机、通信、家电等）	13378	5261	154
交通运输设备制造业	12054	4571	164
金融业	11836	5246	126
零售业	11713	4640	152
医药及设备制造业	11711	4587	155
各类专业设计与咨询服务业	11698	4792	144
房地产开发及租赁业	11322	4863	133
批发业	10998	4500	144
运输业	10980	5567	97
电力、热力、燃气及水生产和供应业	10917	4673	134
建筑业	10787	4594	135
文化、体育和娱乐业	10672	5092	110
机械设备制造业	10538	4212	150
其他制造业	10527	4637	127
纺织、服装、皮革制造业	10302	3976	159
邮递、物流及仓储业	10229	4544	125
化学品、化工、塑胶制造业	9823	4174	135

续表

本科行业类名称	毕业五年后的月收入	毕业半年后的月收入	月收入涨幅
食品、烟草、加工业	9714	4450	118
住宿和餐饮业	9572	4364	119
医疗和社会护理服务业	9482	4362	117
居民服务、修理和其他服务业	9203	4445	107
采矿业	9177	4368	110
农、林、牧、渔业	8978	3923	129
行政、商业和环境保护辅助业	8317	4297	94
教育业	8001	4379	83
政府及公共管理	7909	4399	80
全国本科	10709	4774	124

注：个别行业类因为样本较少，没有包括在内。
资料来源：麦可思－中国2017届大学毕业生五年后职业发展跟踪评价，2017届大学毕业生培养质量跟踪评价。

月收入排名前十的行业中，包括软件开发、智能设备制造、集成电路、信息基础设施等在内的数字经济核心产业位列前茅，其中软件开发业薪资水平位列榜首，达到7723元，其后依次是计算机系统设计服务业（7165元）、通信设备制造业（7132元）等（见图4-8）。

计算机与数据处理、互联网开发及应用类职业月收入持续领先，列前两位，2022届月收入分别达到7219元、7142元。需要注意的是，受多重超预期因素影响，2022年交通运输领域货运、客运总量相比上一年均有下降，这也影响了相关职业从业人员的收入，2022届交通运输/邮电职业类月收入（6373元）排名相比往年有所下降（见表4-21）。

从月收入增长最快和最慢的十位职业类来看，生物/化工、机械/仪器仪表、矿山/石油、研究人员等类型职业月收入增长较快，与2020届相比增长率均在18%以上；职业培训/其他教育、交通运输/邮电类职业月收入增长率（分别为-2.4%、-0.6%）较低（见表4-22、表4-23）。

本科毕业生收入分析

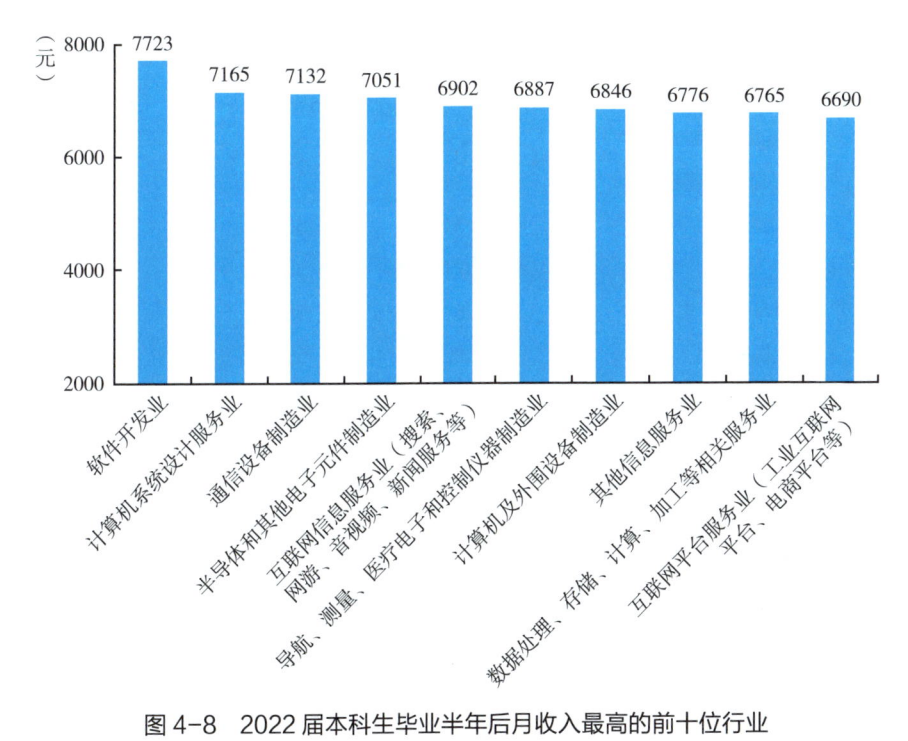

图 4-8 2022届本科生毕业半年后月收入最高的前十位行业

行业	月收入（元）
软件开发业	7723
计算机系统设计服务业	7165
通信设备制造业	7132
半导体和其他电子元件制造业	7051
互联网信息服务业（搜索、网游、音视频、新闻服务等）	6902
导航、测量、医疗电子和控制仪器制造业	6887
计算机及外围设备制造业	6846
其他信息服务业	6776
数据处理、存储、计算、加工等相关服务业	6765
互联网平台服务业（工业互联网平台、电商平台等）	6690

注：毕业生规模过小的行业不包括在此排序中。
数据来源：麦可思-中国2022届大学毕业生培养质量跟踪评价。

表 4-21 2020~2022届本科生毕业半年后从事的主要职业类的月收入

单位：元

本科职业类名称	2022届	2021届	2020届
计算机与数据处理	7219	7005	6672
互联网开发及应用	7142	6885	6634
经营管理	6830	6440	6078
电气/电子（不包括计算机）	6791	6293	5811
生产/运营	6391	6137	5710
交通运输/邮电	6373	6441	6410
金融（银行/基金/证券/期货/理财）	6280	6033	5640
机械/仪器仪表	6234	5717	5223

续表

本科职业类名称	2022届	2021届	2020届
电力/能源	6209	5865	5512
工业安全与质量	6164	5873	5503
建筑工程	6131	5881	5422
销售	6077	5926	5647
机动车机械/电子	6054	5588	5179
研究人员	6025	5541	5093
生物/化工	5965	5407	4922
物流/采购	5950	5708	5371
表演艺术/影视	5907	6005	5696
房地产经营	5880	5806	5536
测绘	5748	5479	5063
媒体/出版	5745	5737	5419
矿山/石油	5703	5279	4809
人力资源	5703	5462	5115
美术/设计/创意	5466	5277	4995
律师/律政调查员	5442	5132	4855
保险	5440	5366	5257
公安/检察/法院/经济执法	5402	5363	5066
农/林/牧/渔类	5393	5043	4591
医疗保健/紧急救助	5238	5117	4925
财务/审计/税务/统计	5236	5192	4997
文化/体育	5215	5301	5131
环境保护	5170	4915	4682
酒店/旅游/会展	5053	5159	4912
餐饮/娱乐	5046	5022	4858
中小学教育	5027	5034	4795
行政/后勤	4990	4968	4691
职业培训/其他教育	4956	5099	5079
中等职业教育	4882	4779	4645

本科毕业生收入分析

续表

本科职业类名称	2022届	2021届	2020届
社区工作者	4564	4459	4415
幼儿与学前教育	4535	4424	4401
全国本科	5990	5833	5471

注：个别职业类因为样本较少，没有包括在内。
资料来源：麦可思－中国2020~2022届大学毕业生培养质量跟踪评价。

表 4-22 2022届本科生毕业半年后月收入增长最快的前十位职业类（与2020届对比）

单位：%，元

本科职业类名称	增长率	2022届	2020届
生物/化工	21.2	5965	4922
机械/仪器仪表	19.4	6234	5223
矿山/石油	18.6	5703	4809
研究人员	18.3	6025	5093
农/林/牧/渔类	17.5	5393	4591
机动车机械/电子	16.9	6054	5179
电气/电子（不包括计算机）	16.9	6791	5811
测绘	13.5	5748	5063
建筑工程	13.1	6131	5422
电力/能源	12.6	6209	5512
全国本科	9.5	5990	5471

注：毕业生规模过小的职业类不包括在此排序中。
资料来源：麦可思－中国2020届、2022届大学毕业生培养质量跟踪评价。

表 4-23 2022届本科生毕业半年后月收入增长最慢的前十位职业类（与2020届对比）

单位：%，元

本科职业类名称	增长率	2022届	2020届
职业培训/其他教育	-2.4	4956	5079
交通运输/邮电	-0.6	6373	6410

续表

本科职业类名称	增长率	2022届	2020届
文化/体育	1.6	5215	5131
酒店/旅游/会展	2.9	5053	4912
幼儿与学前教育	3.0	4535	4401
社区工作者	3.4	4564	4415
保险	3.5	5440	5257
表演艺术/影视	3.7	5907	5696
餐饮/娱乐	3.9	5046	4858
财务/审计/税务/统计	4.8	5236	4997
全国本科	9.5	5990	5471

注：毕业生规模过小的职业类不包括在此排序中。
资料来源：麦可思-中国2020届、2022届大学毕业生培养质量跟踪评价。

互联网开发及应用、计算机与数据处理类职业毕业中期的月收入保持领先，毕业五年后的薪资在15000元以上，不管是在毕业初期还是三或五年后，互联网、计算机相关职业均表现出明显的薪资优势。另外，律师/律政调查员月收入涨幅最高，毕业五年后月收入涨幅达到200%。律师相关职业的从业门槛较高，本科刚毕业的从业者起薪相对较低，随着后续学历的提升、工作年限的增长、经验的积累以及相关资格证书的考取，毕业五年后表现出较为明显的职场发展后劲和竞争优势（见表4-24、表4-25）。

表4-24　2019届本科生毕业三年后从事的主要职业类的月收入与涨幅

单位：元，%

本科职业类名称	毕业三年后的月收入	毕业半年后的月收入	月收入涨幅
互联网开发及应用	11767	6742	75
计算机与数据处理	11676	6650	76
电气/电子（不包括计算机）	10258	5767	78
经营管理	10250	6081	69
销售	10060	5763	75
表演艺术/影视	9677	5734	69

本科毕业生收入分析

续表

本科职业类名称	毕业三年后的月收入	毕业半年后的月收入	月收入涨幅
金融（银行/基金/证券/期货/理财）	9327	5666	65
律师/律政调查员	9139	4847	89
建筑工程	9027	5316	70
媒体/出版	9002	5351	68
美术/设计/创意	8952	4977	80
机动车机械/电子	8935	5117	75
电力/能源	8881	5455	63
生产/运营	8840	5629	57
交通运输/邮电	8794	6408	37
房地产经营	8786	5583	57
研究人员	8712	5074	72
机械/仪器仪表	8466	5116	65
工业安全与质量	8360	5471	53
物流/采购	8156	5318	53
医疗保健/紧急救助	8089	4974	63
人力资源	8040	5119	57
财务/审计/税务/统计	7944	4960	60
职业培训/其他教育	7919	5051	57
农/林/牧/渔类	7803	4507	73
环境保护	7762	4606	69
生物/化工	7601	4825	58
公安/检察/法院/经济执法	7388	5029	47
保险	7367	5273	40
行政/后勤	6777	4680	45
中小学教育	6710	4757	41
幼儿与学前教育	6216	4314	44
社区工作者	5311	4396	21
全国本科	9074	5440	67

注：个别职业类因为样本较少，没有包括在内。

资料来源：麦可思-中国2019届大学毕业生三年后职业发展跟踪评价，2019届大学毕业生培养质量跟踪评价。

表4-25　2017届本科生毕业五年后从事的主要职业类的月收入与涨幅

单位：元，%

本科职业类名称	毕业五年后的月收入	毕业半年后的月收入	月收入涨幅
互联网开发及应用	15510	6082	155
计算机与数据处理	15037	6042	149
经营管理	13822	5411	155
销售	12985	4946	163
律师/律政调查员	12522	4180	200
电气/电子（不包括计算机）	12197	5018	143
生产/运营	11992	5055	137
房地产经营	11745	5275	123
金融（银行/基金/证券/期货/理财）	11727	5209	125
表演艺术/影视	11676	5120	128
建筑工程	11240	4501	150
机动车机械/电子	11082	4477	148
美术/设计/创意	11009	4541	142
交通运输/邮电	10835	5564	95
媒体/出版	10697	4763	125
电力/能源	10631	4736	124
研究人员	10548	4446	137
机械/仪器仪表	10536	4369	141
物流/采购	10470	4717	122
工业安全与质量	9751	4587	113
人力资源	9657	4467	116
生物/化工	9481	4109	131
环境保护	9442	4091	131
医疗保健/紧急救助	9421	4275	120
财务/审计/税务/统计	9363	4375	114
农/林/牧/渔类	8921	4059	120
职业培训/其他教育	8802	4504	95
保险	8285	4601	80
公安/检察/法院/经济执法	8103	4563	78
行政/后勤	7518	4063	85

本科毕业生收入分析

续表

本科职业类名称	毕业五年后的月收入	毕业半年后的月收入	月收入涨幅
中小学教育	7336	4258	72
幼儿与学前教育	6580	3738	76
社区工作者	5959	3901	53
全国本科	10709	4774	124

注：个别职业类因为样本较少，没有包括在内。
资料来源：麦可思-中国2017届大学毕业生五年后职业发展跟踪评价，2017届大学毕业生培养质量跟踪评价。

月收入排名靠前的职业主要来自数字技术相关岗位，其中集成电路工程技术人员的月收入最高，达到8145元；另外月收入较高的职业还包括互联网开发人员、工业互联网工程技术人员、计算机程序员、计算机系统软件工程技术人员、计算机软件应用工程技术人员等（见表4-26）。

表4-26　2022届本科生毕业半年后月收入最高的前50位职业

单位：元

职业名称	毕业半年后的月收入
集成电路工程技术人员	8145
互联网开发人员	7911
工业互联网工程技术人员	7681
计算机程序员	7586
计算机系统软件工程技术人员	7501
计算机软件应用工程技术人员	7467
游戏策划人员	7383
销售工程师	7324
大数据工程技术人员	7283
销售代表（医疗用品）	7176
市场经理	7165
信息安全分析人员	7121
软件质量保证和测试工程技术人员	7108
项目经理	7079

续表

职业名称	毕业半年后的月收入
汽车电子工程技术人员	6903
半导体加工人员	6883
运营经理	6821
计算机技术支持人员	6791
销售经理	6755
银行信贷员	6749
计算机网络管理人员	6625
电子工程技术人员	6614
工业工程技术人员	6495
信息支持与服务人员	6492
电路绘图人员	6491
个人理财顾问	6435
电气工程技术人员	6410
一线销售经理（零售）	6410
建筑技术人员	6288
发电站、变电站和中继站的电子和电气修理技术人员	6269
工业设计师	6268
电厂操作人员	6261
电气技术人员	6245
税务专员	6236
医学研究人员	6210
施工工程技术人员	6194
电子和电气设备装配技术人员	6179
销售代表（机械设备和零件）	6172
广告策划人员	6155
安全工程技术人员	6146
银行柜员	6144
销售代表（批发和制造业，不包括科技类产品）	6140
材料工程技术人员	6130
土木工程技术人员	6094
生产计划管理员	6090
化工厂系统操作人员	6080

本科毕业生收入分析

续表

职业名称	毕业半年后的月收入
金融服务销售商	6076
网站管理和维护人员	6071
市场专员	6069
各类销售服务人员	6005
全国本科	5990

注：毕业生规模过小的职业不包括在此排序中。
资料来源：麦可思－中国2022届大学毕业生培养质量跟踪评价。

五　用人单位收入分析

中外合资/外资/独资企业薪资持续最高，民营企业/个体薪资涨幅最大。毕业初期，中外合资/外资/独资企业薪资保持领先，2022届月收入达到6618元（见图4-9）。

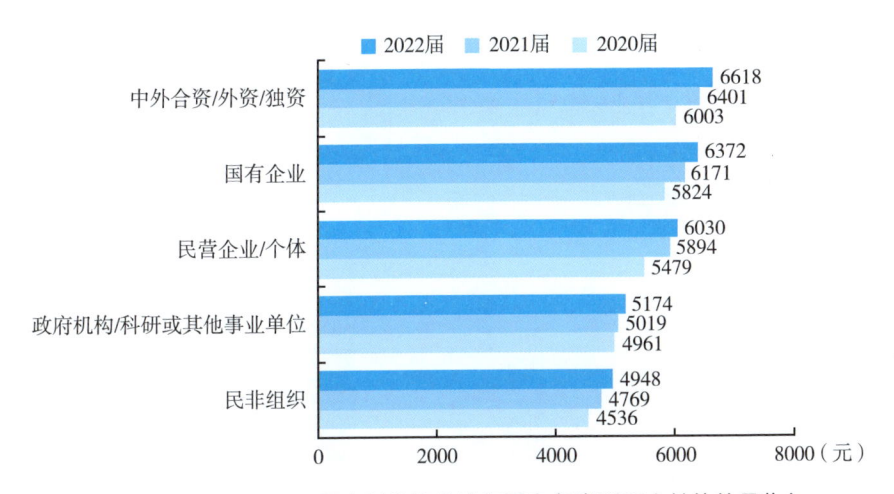

图4-9　2020~2022届本科生毕业半年后在各类型用人单位的月收入

数据来源：麦可思－中国2020~2022届大学毕业生培养质量跟踪评价。

毕业三或五年后，在民营企业/个体发展潜力明显，薪资涨幅领先于其他类型企业。具体来看，毕业三年后，民营企业/个体薪资涨幅（80%）最大，薪资水平（9794元）接近万元（见图4-10）。毕业五年后，民营企业/个体薪资涨幅（160%）依然保持最高，薪资达到12128元（见图4-11）。

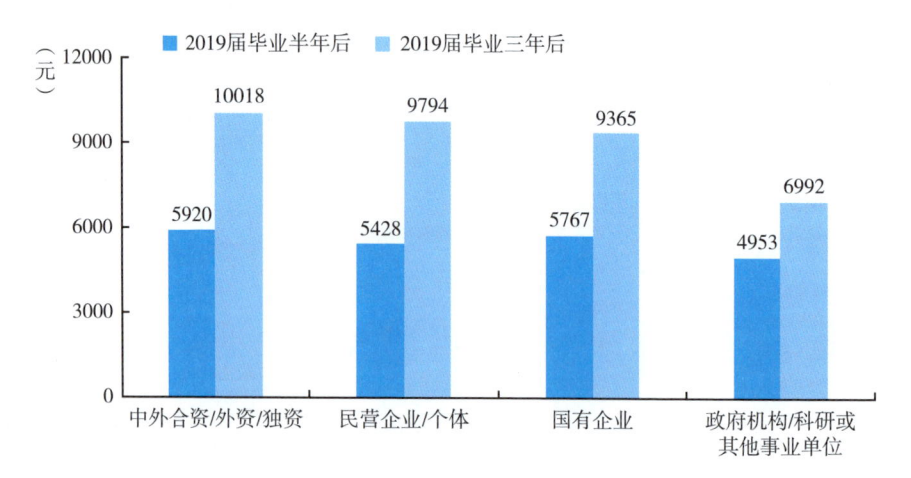

图4-10 2019届本科生毕业三年后在各类型用人单位的月收入

注：民非组织因为样本较少，没有包括在内。
数据来源：麦可思－中国2019届大学毕业生三年后职业发展跟踪评价，2019届大学毕业生培养质量跟踪评价。

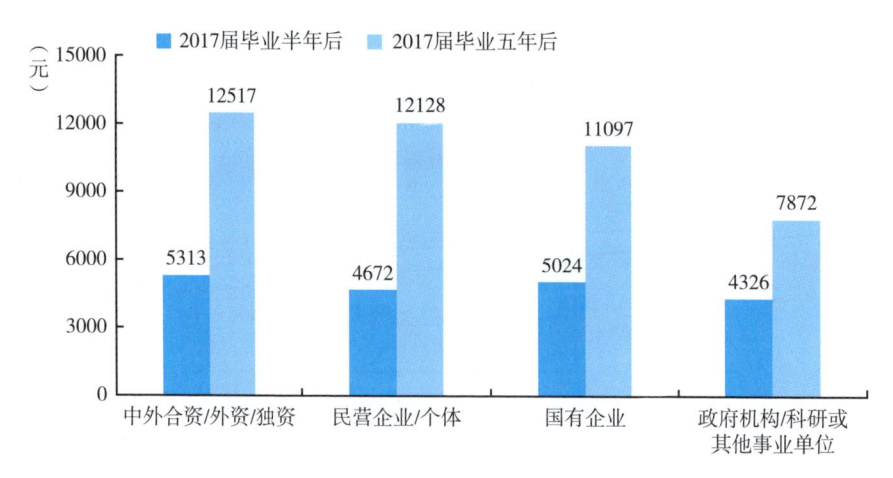

图4-11 2017届本科生毕业五年后在各类型用人单位的月收入

注：民非组织因为样本较少，没有包括在内。
数据来源：麦可思－中国2017届大学毕业生五年后职业发展跟踪评价，2017届大学毕业生培养质量跟踪评价。

本科毕业生收入分析

毕业初期，企业规模越大薪资水平越高；毕业五年后，小企业薪资涨幅与大企业接近，发展潜力有所显现。具体来看，3000人以上规模的用人单位薪资水平最高，2022届达到6865元；50人及以下规模用人单位的薪资水平（4992元）最低（见图4-12）。毕业五年后，3000人以上规模的用人单位薪资涨幅最大，达到140%，其次是1001~3000人、50人及以下规模的企业（薪

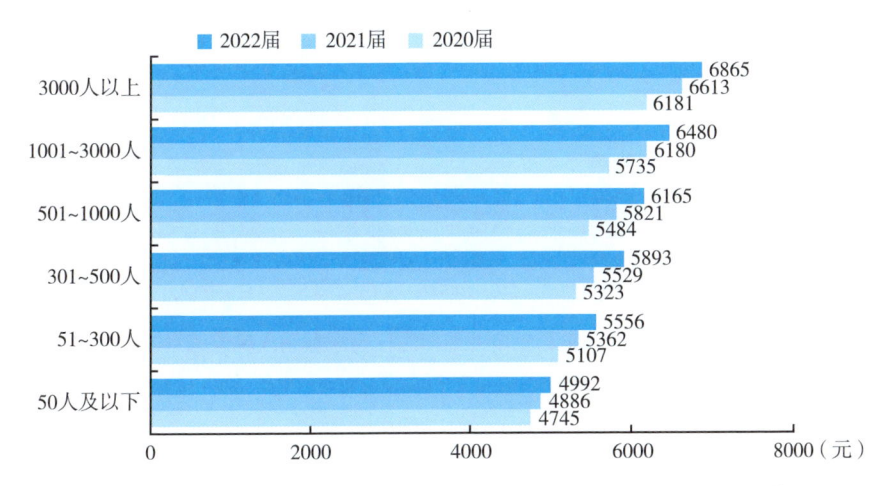

图4-12　2020~2022届本科生毕业半年后在各规模用人单位的月收入

数据来源：麦可思－中国2020~2022届大学毕业生培养质量跟踪评价。

图4-13　2019届本科生毕业三年后在各规模用人单位的月收入

数据来源：麦可思－中国2019届大学毕业生三年后职业发展跟踪评价，2019届大学毕业生培养质量跟踪评价。

资涨幅均为129%)(见图4-14)。伴随着专精特新"小巨人"企业和单项冠军企业的不断培育,毕业生在中小微企业将拥有更加广阔的发展空间。

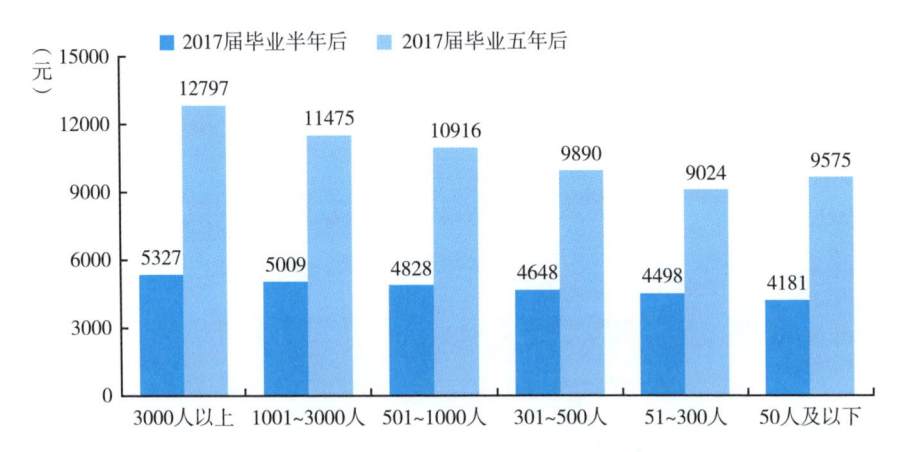

图 4-14　2017 届本科生毕业五年后在各规模用人单位的月收入

数据来源:麦可思－中国2017届大学毕业生五年后职业发展跟踪评价,2017届大学毕业生培养质量跟踪评价。

B.5
本科毕业生就业满意度分析

摘　要： 就业满意度是毕业生对工作内容、环境氛围、薪酬福利、职业发展空间等方面的直观评价和情感体验，是评估就业质量的重要指标。近年来，应届本科毕业生的就业满意度逐年上升，国家和地方一系列就业优先政策的落实以及各高校线上、线下就业指导服务模式的完善，为毕业生就业提供了重要支持。工作一段时间后伴随着薪资增长与个人成长收获，毕业生就业满意度显著提升。新一线城市凭借不断发展的特色优势产业和日益完善的就业环境，在大量吸纳毕业生的同时，也促进了毕业生从业幸福感的增强。从不同就业领域来看，体制内稳定工作、新媒体文娱类、数字产业或高技术制造业从业者的就业满意度较高。

关键词： 就业满意度　就业指导　薪资福利　职业发展　本科生

一　总体就业满意度

应届本科毕业生的就业满意度[1]上升较为明显。从近五年的数据来看，2018届、2019届本科毕业生的就业满意度均为68%，从2020届开始上升，到2022届达到77%；从不同类型院校来看，"双一流"院校毕业生就业满意度持续高于地方本科院校（见图5-1、图5-2）。

---

[1]　就业满意度：由就业的毕业生对自己目前的就业现状进行主观判断，选项有"很满意""满意""不满意""很不满意""无法评估"五项。其中，选择"满意"和"很满意"的人属于对就业现状满意，选择"不满意"和"很不满意"的人属于对就业现状不满意。

近年来，各级主管部门、各高校将毕业生就业工作摆在更加突出的位置，不断落实落细各项就业优先政策，在充分挖掘政策性岗位资源的同时，大力拓展市场化社会化就业渠道，并不断完善线上、线下相结合的就业指导服务模式，为毕业生就业提供了有力支撑。毕业生对学校就业指导服务的满意度逐年上升，对自身就业的满意度也进一步提升。

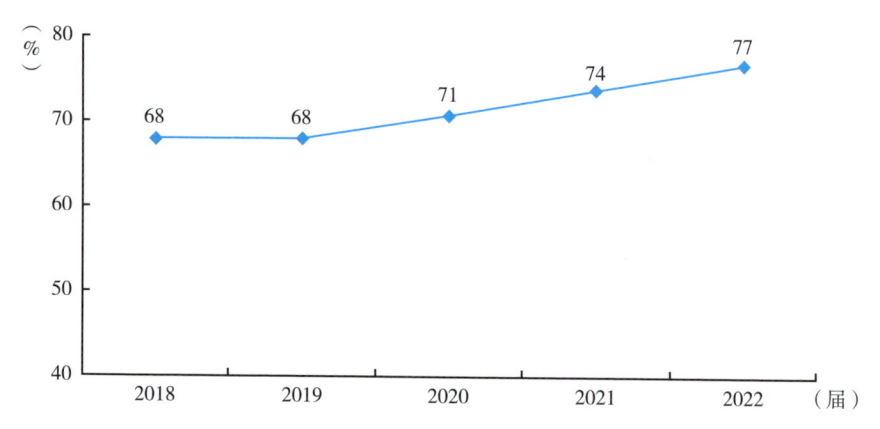

图 5-1　2018~2022 届本科生毕业半年后的就业满意度变化趋势

数据来源：麦可思-中国 2018~2022 届大学毕业生培养质量跟踪评价。

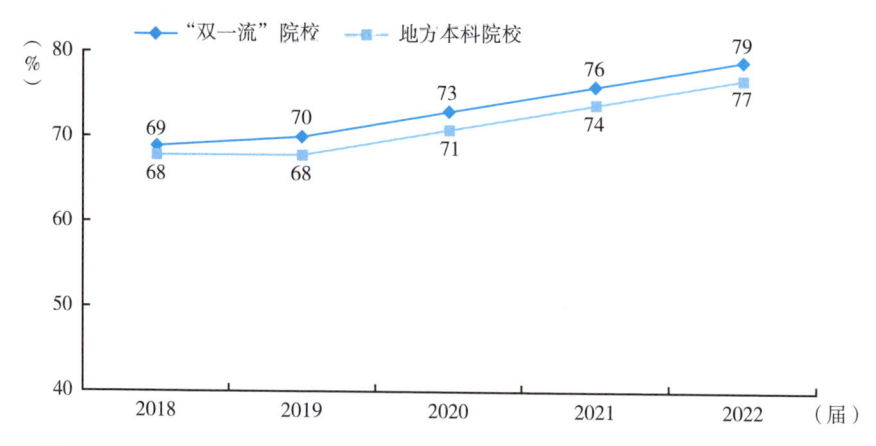

图 5-2　2018~2022 届各类本科院校毕业生毕业半年后的就业满意度变化趋势

数据来源：麦可思-中国 2018~2022 届大学毕业生培养质量跟踪评价。

本科毕业生就业满意度分析

随着工作时间的延长，毕业生就业满意度显著提升。从2017届本科毕业生来看，毕业五年后的就业满意度为78%，相比毕业半年后（68%）上升了10个百分点。从不同院校类型来看，"双一流"院校与地方本科院校毕业生毕业五年后的就业满意度均有较大幅度提升（见图5-3、图5-4）。

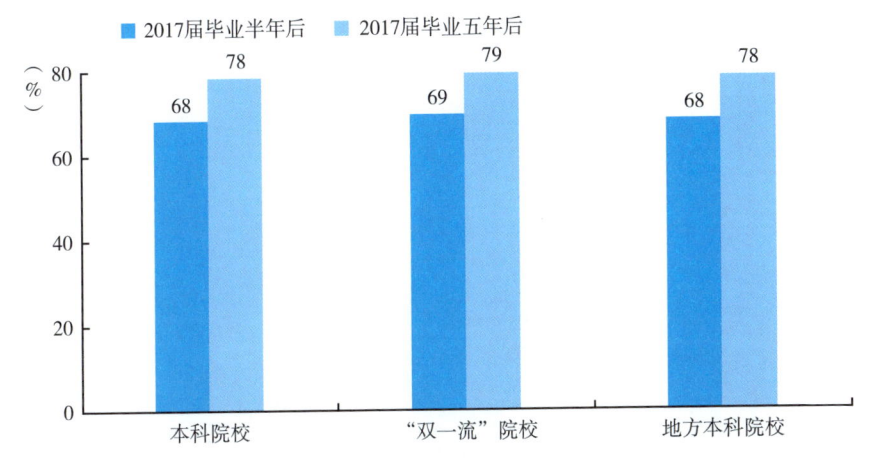

图5-3 2017届本科生毕业五年后的就业满意度（与2017届毕业半年后对比）

数据来源：麦可思-中国2017届大学毕业生五年后职业发展跟踪评价，2017届大学毕业生培养质量跟踪评价。

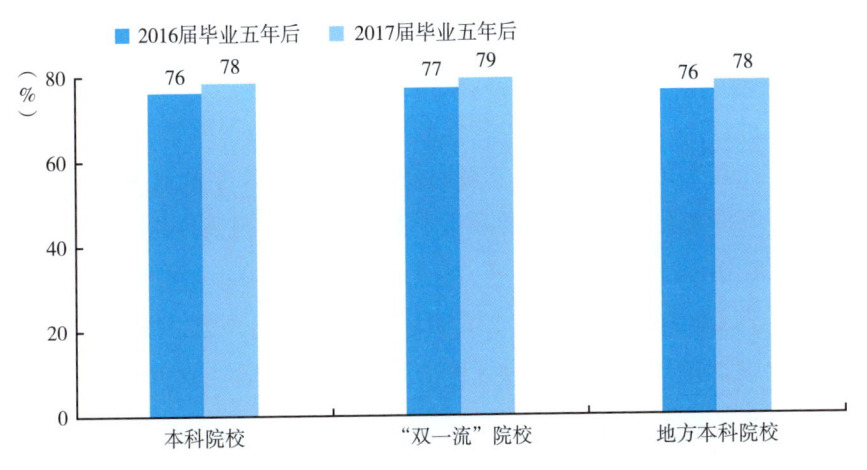

图5-4 2016届、2017届本科生毕业五年后的就业满意度

数据来源：麦可思-中国2016届、2017届大学毕业生五年后职业发展跟踪评价。

毕业生求职最注重薪资，其后是发展空间、工作强度等。具体来看，2022届对就业不满意的本科毕业生中，有69%是因为收入低，46%是因为发展空间不够，33%是因为加班太多（见图5-5）。其中，毕业生因发展空间因素而对就业不满的比例有所下降，三年内下降了4个百分点；因加班太多而对就业不满的比例有所上升，三年内上升了3个百分点。

图5-5　2021届、2022届本科毕业生对就业现状不满意的原因

数据来源：麦可思-中国2021届、2022届大学毕业生培养质量跟踪评价。

二　各专业就业满意度

各学科门类的就业满意度均有明显提升，其中工学就业满意度排名连续上升。具体来看，2022届医学就业满意度（79%）最高，其后依次是工学（78%）、法学（77%）、教育学（77%）、理学（77%）、艺术学（77%）等。其中，工学就业满意度排名上升较为明显，2022届已升至第二位（见表5-1）。工学专业毕业落实与就业质量整体保持相对稳定且较高，这也促进了毕业生就业满意度的提升。

从毕业五年后来看，教育学、文学2017届毕业生毕业五年后就业满意度均超过80%，分别达到82%、81%（见表5-2）。

表 5-1　2020~2022 届本科各学科门类毕业生毕业半年后的就业满意度

单位：%

本科学科门类名称	2022届	2021届	2020届
医学	79	75	72
工学	78	74	71
法学	77	74	73
教育学	77	76	74
理学	77	73	72
艺术学	77	74	71
经济学	76	72	68
文学	76	74	71
管理学	75	73	69
历史学	74	70	66
农学	74	71	67
全国本科	77	74	71

注：个别学科门类因为样本较少，没有包括在内。
资料来源：麦可思-中国2020~2022届大学毕业生培养质量跟踪评价。

表 5-2　2017 届本科各学科门类毕业生毕业五年后的就业满意度

单位：%

本科学科门类名称	2017届五年后	2016届五年后
教育学	82	81
文学	81	79
法学	79	78
理学	79	78
艺术学	79	79
经济学	78	74
医学	78	76
工学	77	74
农学	77	76
管理学	76	75
全国本科	78	76

注：个别学科门类因为样本较少，没有包括在内。
资料来源：麦可思-中国2016届、2017届大学毕业生五年后职业发展跟踪评价。

毕业半年后就业满意度排名靠前的30位专业中,工科专业数量最多(占了四成),其中计算机类、电子信息类各4个;另外部分医学、艺术类专业就业满意度也较高。具体来看,医学影像学专业就业满意度位列榜首,网络工程专业次之,播音与主持艺术、电子信息工程、微电子科学与工程专业并列第三(见表5-3)。

毕业五年后,中国语言文学类、音乐与舞蹈学类专业的就业满意度更高,均为84%(见表5-4)。

表5-3 2022届本科生毕业半年后就业满意度排前30位的主要专业

单位:%

本科专业名称	就业满意度
医学影像学	84
网络工程	83
播音与主持艺术	82
电子信息工程	82
微电子科学与工程	82
运动训练	81
计算机科学与技术	81
信息工程	81
医学影像技术	81
通信工程	81
临床医学	81
舞蹈学	80
生物制药	80
口腔医学	80
动物科学	80
药学	80
汉语言文学	80
体育教育	79
电气工程及其自动化	79
护理学	79

续表

本科专业名称	就业满意度
软件工程	79
动画	79
小学教育	79
化学	79
给排水科学与工程	79
广播电视编导	79
信息安全	79
信息与计算科学	79
法学	79
建筑学	79
全国本科	77

注：毕业生规模过小的专业不包括在此排序中。
资料来源：麦可思－中国2022届大学毕业生培养质量跟踪评价。

表5-4　2017届本科主要专业类毕业生毕业五年后的就业满意度

单位：%

本科专业类名称	就业满意度
中国语言文学类	84
音乐与舞蹈学类	84
教育学类	83
体育学类	82
护理学类	82
法学类	81
外国语言文学类	80
数学类	80
电子信息类	80
经济与贸易类	79
新闻传播学类	79
计算机类	79
美术学类	79
物理学类	78

续表

本科专业类名称	就业满意度
仪器类	78
电气类	78
戏剧与影视学类	78
经济学类	77
化学类	77
地理科学类	77
机械类	77
能源动力类	77
临床医学类	77
药学类	77
工商管理类	77
公共管理类	77
心理学类	76
环境科学与工程类	76
物流管理与工程类	76
设计学类	76
金融学类	75
生物科学类	75
材料类	75
自动化类	75
食品科学与工程类	75
管理科学与工程类	75
旅游管理类	75
化工与制药类	74
建筑类	73
土木类	72
安全科学与工程类	72
全国本科	78

注：个别专业类因为样本较少，没有包括在内。
资料来源：麦可思－中国2017届大学毕业生五年后职业发展跟踪评价。

本科毕业生就业满意度分析

三 地区就业满意度

东部地区就业满意度保持领先，东北地区位列第二。从不同地区的就业满意度来看，2022届毕业生在东部地区的就业满意度为79%，其次是东北地区（77%）。从近三年的变化趋势来看，毕业生在各地区的就业满意度均逐年提升（见表5-5）。

另外，从三大经济区域来看，毕业生在京津冀地区的就业满意度较高，2022届达到了81%（见表5-6）。

就业满意度是毕业生基于自己目前就业现状、就业感受而得出的主观判断，可能会受到地区经济发展水平、行业发展前景、工作环境与压力等诸多因素影响。

表5-5 2020~2022届本科生毕业半年后在各区域的就业满意度变化趋势

单位：%

各区域	2022届	2021届	2020届
东部地区	79	76	73
东北地区	77	74	71
中部地区	75	72	69
西部地区	74	71	68
全国本科	77	74	71

资料来源：麦可思－中国2020~2022届大学毕业生培养质量跟踪评价。

表5-6 2020~2022届本科生毕业半年后在三大经济区域的就业满意度变化趋势

单位：%

三大经济区域	2022届	2021届	2020届
京津冀地区	81	79	75
长三角地区	78	75	73
珠三角地区	76	73	71
全国本科	77	74	71

资料来源：麦可思－中国2020~2022届大学毕业生培养质量跟踪评价。

近年来，新一线城市不断发展特色优势产业，其数字经济等领域对毕业生的吸引力和吸纳水平提升。本科毕业生在新一线城市的薪资水平上升较快，同时就业满意度也持续提升。具体来看，毕业生在一线城市、新一线城市的就业满意度分别从2018届的71%、68%上升至2022届的80%、77%，均上升了9个百分点（见图5-6）。新一线城市不断发展，就业环境持续优化，毕业生从业幸福感也相应增强。

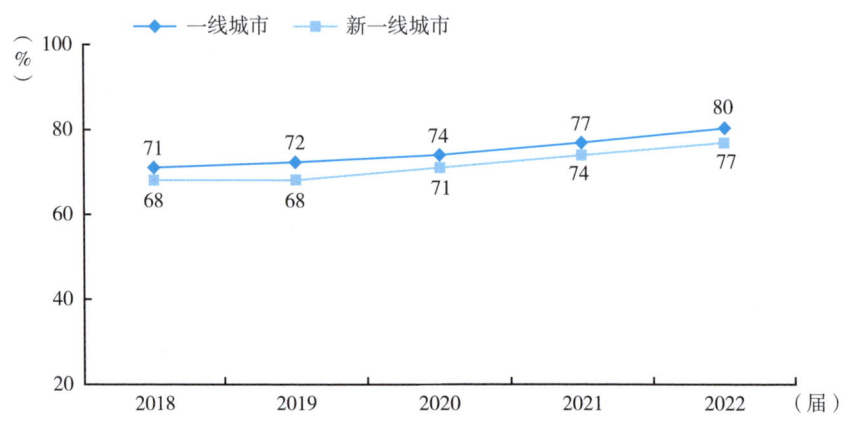

图5-6 2018~2022届本科生毕业半年后在一线、新一线城市的就业满意度变化趋势

数据来源：麦可思-中国2018~2022届大学毕业生培养质量跟踪评价。

四 行业、职业就业满意度

从毕业初期和毕业五年后来看，毕业生就业满意度较高的行业特点集中体现在体制内稳定工作、新媒体文娱类、数字产业或高技术制造业；而传统制造类行业、餐饮、房地产、采矿及建筑业的就业满意度偏低，这也和工作环境以及当下所面临的挑战有一定的关系（见图5-7、图5-8、图5-9、图5-10）。

本科毕业生就业满意度分析

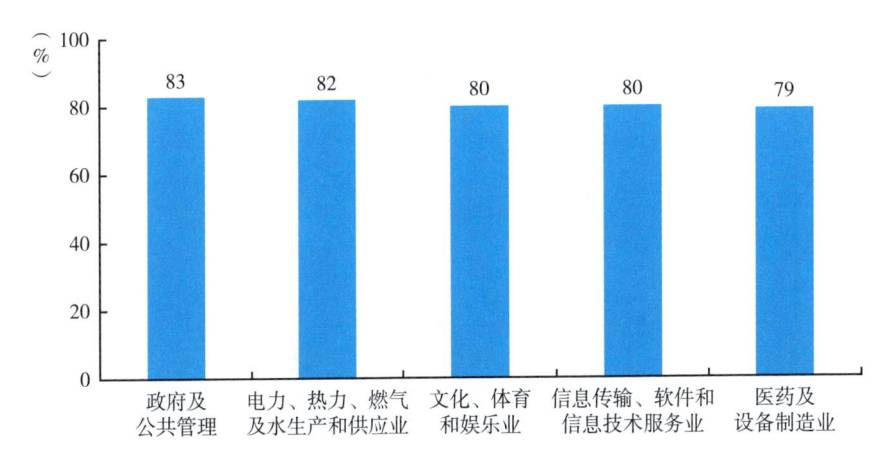

图 5-7　2022届本科生毕业半年后就业满意度最高的前五位行业类

行业类	满意度(%)
政府及公共管理	83
电力、热力、燃气及水生产和供应业	82
文化、体育和娱乐业	80
信息传输、软件和信息技术服务业	80
医药及设备制造业	79

注：毕业生规模过小的行业类不包括在此排序中。
数据来源：麦可思-中国2022届大学毕业生培养质量跟踪评价。

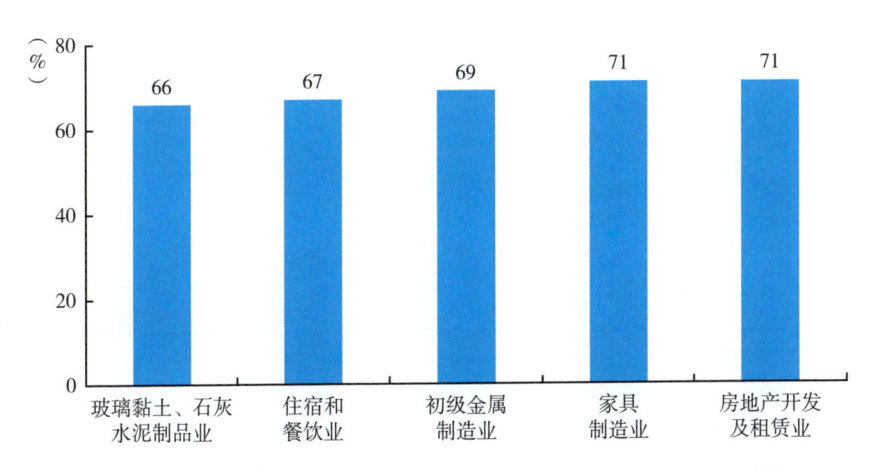

图 5-8　2022届本科生毕业半年后就业满意度最低的前五位行业类

行业类	满意度(%)
玻璃黏土、石灰水泥制品业	66
住宿和餐饮业	67
初级金属制造业	69
家具制造业	71
房地产开发及租赁业	71

注：毕业生规模过小的行业类不包括在此排序中。
数据来源：麦可思-中国2022届大学毕业生培养质量跟踪评价。

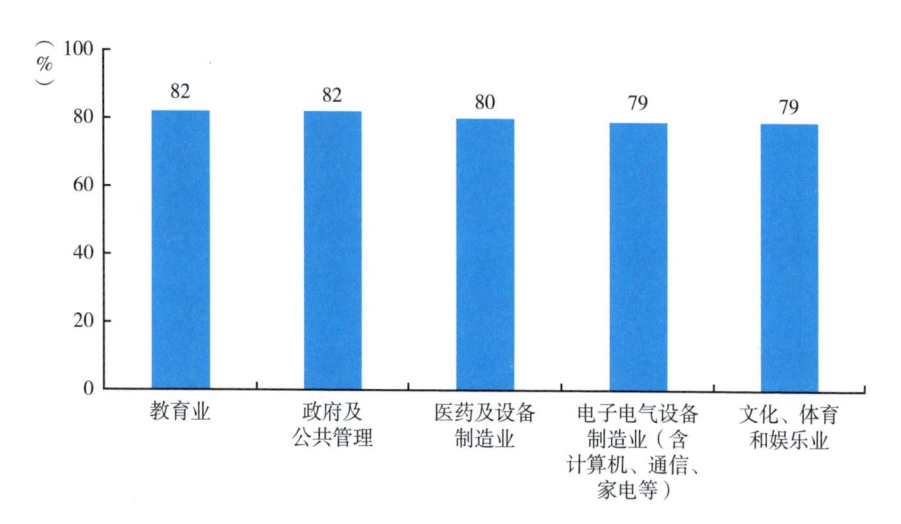

图 5-9 2017 届本科生毕业五年后就业满意度最高的前五位行业类

注：毕业生规模过小的行业类不包括在此排序中。
数据来源：麦可思-中国 2017 届大学毕业生五年后职业发展跟踪评价。

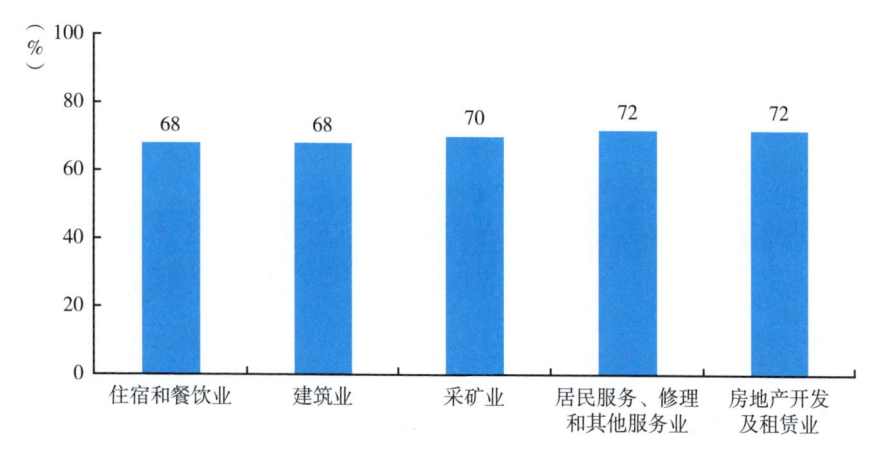

教育业：82
政府及公共管理：82
医药及设备制造业：80
电子电气设备制造业（含计算机、通信、家电等）：79
文化、体育和娱乐业：79

图 5-10 2017 届本科生毕业五年后就业满意度最低的前五位行业类

注：毕业生规模过小的行业类不包括在此排序中。
数据来源：麦可思-中国 2017 届大学毕业生五年后职业发展跟踪评价。

住宿和餐饮业：68
建筑业：68
采矿业：70
居民服务、修理和其他服务业：72
房地产开发及租赁业：72

从毕业生从事的具体职业来看，与上文行业分析表现出的特点具有相似性，毕业生就业满意度较高的为公检法、数字技术、交通运输、教育科研及

本科毕业生就业满意度分析

经营管理类岗位；而采矿、机械、建筑及服务类岗位的就业满意度偏低（见图 5-11、图 5-12、图 5-13、图 5-14）。

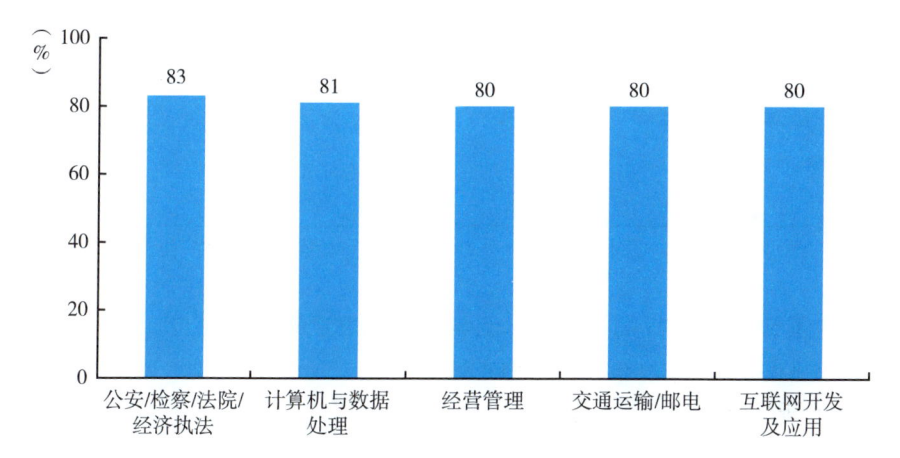

图 5-11　2022 届本科生毕业半年后就业满意度最高的前五位职业类

职业类	满意度(%)
公安/检察/法院/经济执法	83
计算机与数据处理	81
经营管理	80
交通运输/邮电	80
互联网开发及应用	80

注：毕业生规模过小的职业类不包括在此排序中。
数据来源：麦可思 - 中国 2022 届大学毕业生培养质量跟踪评价。

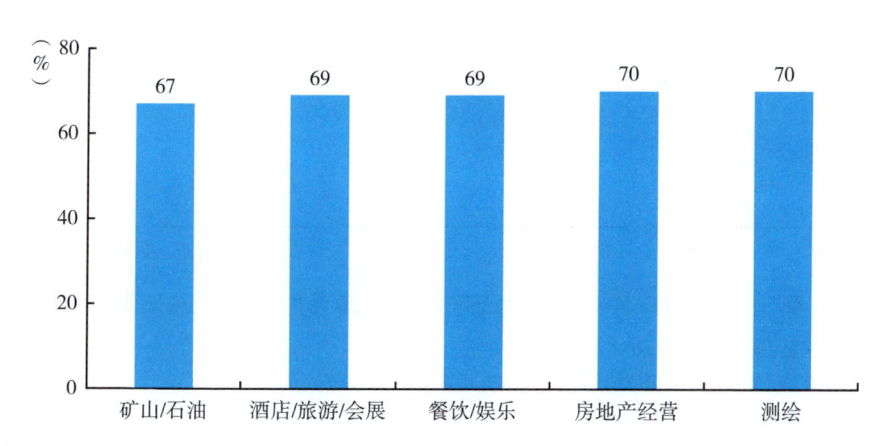

图 5-12　2022 届本科生毕业半年后就业满意度最低的前五位职业类

职业类	满意度(%)
矿山/石油	67
酒店/旅游/会展	69
餐饮/娱乐	69
房地产经营	70
测绘	70

注：毕业生规模过小的职业类不包括在此排序中。
数据来源：麦可思 - 中国 2022 届大学毕业生培养质量跟踪评价。

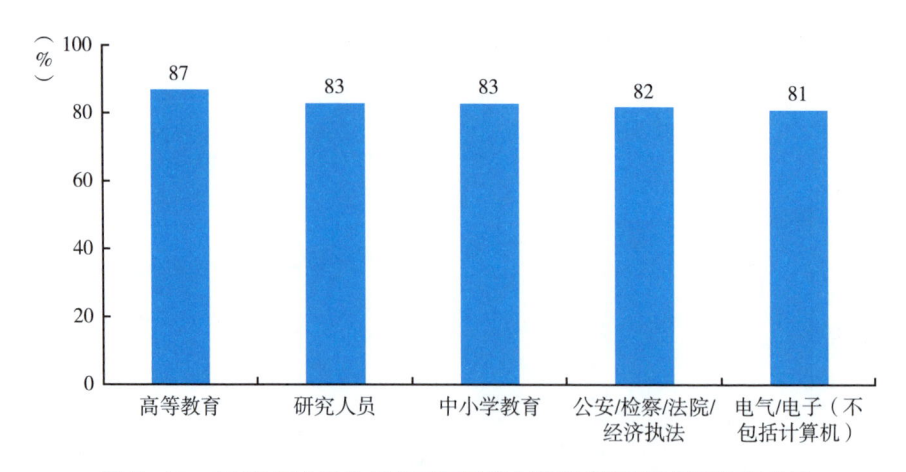

图 5-13　2017 届本科生毕业五年后就业满意度最高的前五位职业类

注：毕业生规模过小的职业类不包括在此排序中。
数据来源：麦可思－中国 2017 届大学毕业生五年后职业发展跟踪评价。

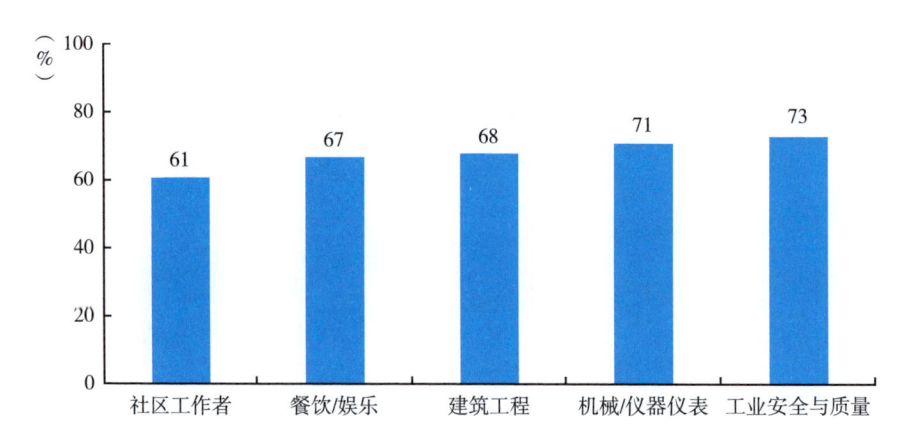

图 5-14　2017 届本科生毕业五年后就业满意度最低的前五位职业类

注：毕业生规模过小的职业类不包括在此排序中。
数据来源：麦可思－中国 2017 届大学毕业生五年后职业发展跟踪评价。

五　在各类单位的就业满意度

在政府机构/科研或其他事业单位的就业满意度最高，民营企业/个体就业满意度较低。从 2022 届毕业半年后和 2017 届毕业五年后的就业满意度来看，政府机构/科研或其他事业单位的就业满意度（分别为 82%、84%）均排在首位；民营企业/个体在毕业半年后和五年后的就业满意度（均为 74%）均较低（见图 5-15、图 5-16）。

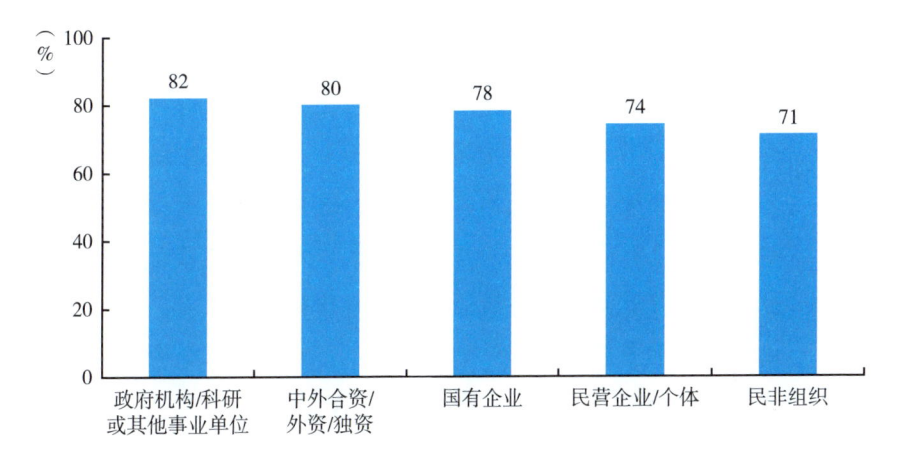

图 5-15　2022 届本科生毕业半年后在各类型用人单位的就业满意度

- 政府机构/科研或其他事业单位：82%
- 中外合资/外资/独资：80%
- 国有企业：78%
- 民营企业/个体：74%
- 民非组织：71%

数据来源：麦可思-中国 2022 届大学毕业生培养质量跟踪评价。

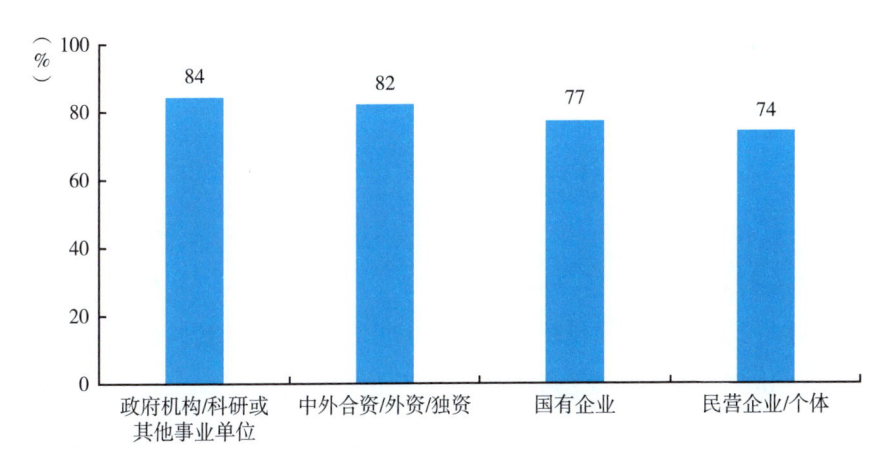

图 5-16　2017 届本科生毕业五年后在各类型用人单位的就业满意度

- 政府机构/科研或其他事业单位：84%
- 中外合资/外资/独资：82%
- 国有企业：77%
- 民营企业/个体：74%

注：民非组织用人单位因为样本较少，没有包括在内。
数据来源：麦可思-中国 2017 届大学毕业生五年后职业发展跟踪评价。

B.6
本科毕业生职业发展分析

摘　要： 随着工作时长和经验积累，毕业生的职业适应能力不断提高，除薪资增长外，职位及工作职责也相应提升。通过对初入职场及毕业五年后的毕业生职业发展情况进行分析发现，应届本科毕业生从事专业相关工作的比例稳中有升，其中法学、工学、理学、农学等学科上升较为明显，基础学科人才培养与"四新"建设成效显现。随着时间推移，毕业生的工作选择范围扩大，五年后的从业领域更加多样化，专业背景限制少、就业口径宽的生活服务领域职位晋升较快。另外，毕业生职场稳定性有所增强，但因工作要求高、压力大而离职的情况增多，职场健康发展方面需给予更多关注。

关键词： 从业适应面　职业发展　职场稳定性　本科生

一　从事本专业相关工作分析

(一) 总体工作与专业相关度

工作与专业相关度[①]反映了专业培养与产业需求之间的匹配程度，本科毕业生工作与专业相关度稳中有升。从近五年的数据来看，应届本科毕业生从事本专业相关工作的比例在2018~2020届均保持在71%，2022届上升

[①] 工作与专业相关度 = 受雇全职工作并且与专业相关的毕业生人数 / 受雇全职工作的毕业生人数。

至 74%。从不同院校类型来看，地方本科院校已较为接近"双一流"院校，2021、2022 届均相差 1 个百分点（见图 6-1、图 6-2）。

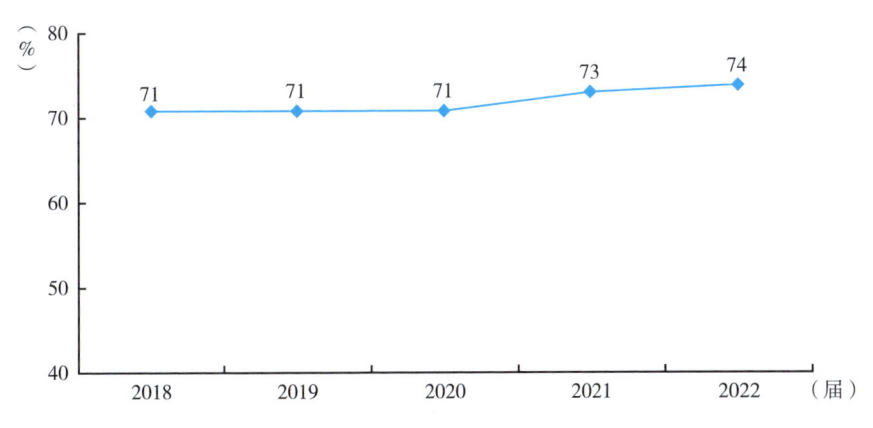

图 6-1　2018~2022 届本科毕业生的工作与专业相关度变化趋势

数据来源：麦可思-中国 2018~2022 届大学毕业生培养质量跟踪评价。

图 6-2　2018~2022 届各类本科院校毕业生的工作与专业相关度变化趋势

数据来源：麦可思-中国 2018~2022 届大学毕业生培养质量跟踪评价。

随着工作时间的延长，毕业生出现岗位晋升、变迁，多数学科门类毕业生工作三到五年的选择面会更宽，当然对于准入门槛较高的专业（如医学），毕业生工作与专业相关度始终保持在较高水平。具体来看，2017届本科毕业生毕业五年后工作与专业相关度（65%）比半年后（71%）低6个百分点。其中，"双一流"院校毕业生毕业五年后工作与专业相关度相对更高（见图6-3）。

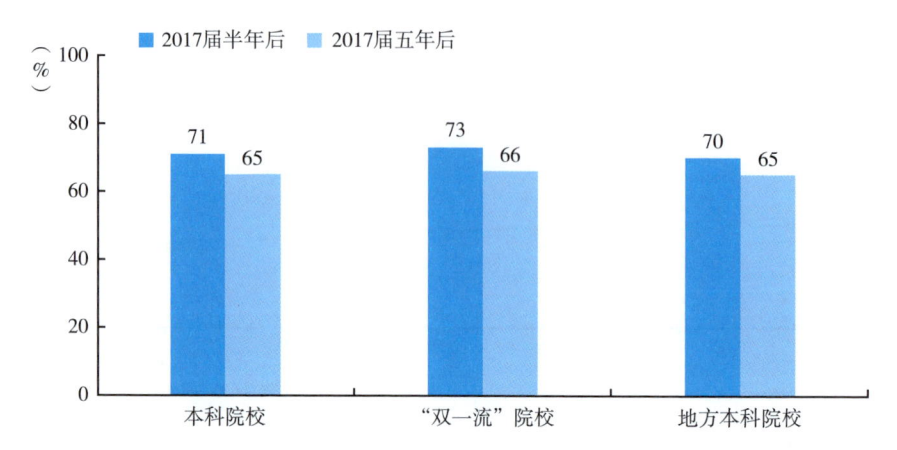

图6-3 2017届本科生毕业五年后的工作与专业相关度
（与2017届半年后对比）

数据来源：麦可思-中国2017届大学毕业生五年后职业发展跟踪评价，2017届大学毕业生培养质量跟踪评价。

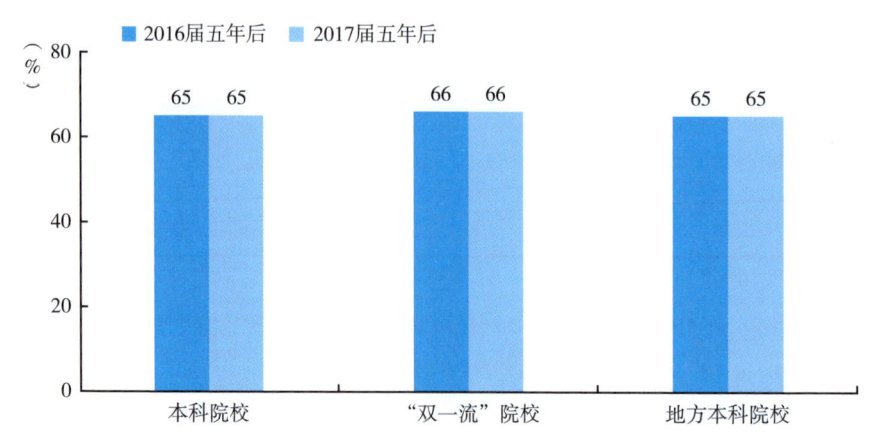

图6-4 2016届、2017届本科生毕业五年后的工作与专业相关度

数据来源：麦可思-中国2016届、2017届大学毕业生五年后职业发展跟踪评价。

当前就业总量压力不减，毕业生选择先就业再择业的情况增多。从毕业生选择与专业无关工作的具体原因来看，2022届表示"迫于现实先就业再择业"的比例（28%）相比2021届（25%）上升了3个百分点，表示"专业工作不符合自己的职业期待"的比例（28%）相比2021届（33%）明显下降（见图6-5）。

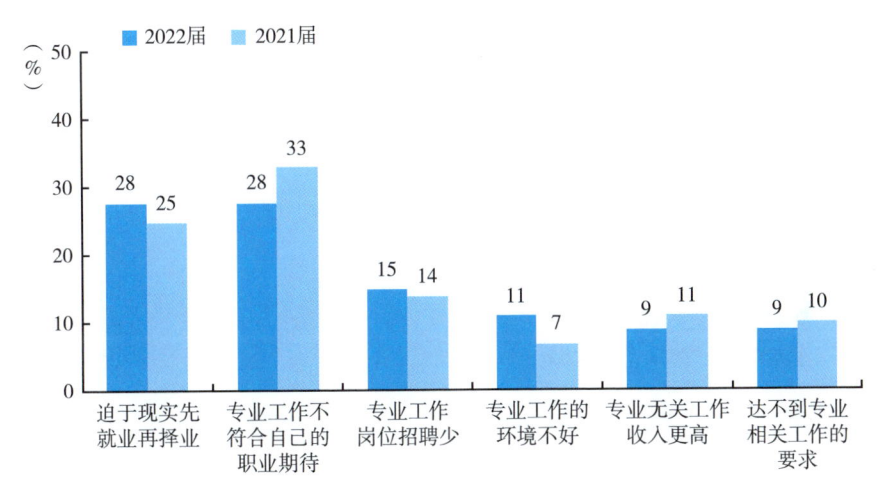

图6-5 2021届、2022届本科毕业生选择与专业无关工作的主要原因

数据来源：麦可思-中国2021届、2022届大学毕业生培养质量跟踪评价。

（二）主要专业的工作与专业相关度

基础学科人才培养以及新工科、新医科、新农科、新文科建设成效显现，相关学科工作与专业相关度大多呈上升趋势。具体来看，医学、教育学毕业生在毕业半年后和五年后的工作与专业相关度均稳定在前两位，专业培养与岗位需求之间的对接情况较好；工学2022届毕业半年后工作与专业相关度较2020届上升了5个百分点，2022届反超文学排在第三位，伴随着数字产业、高新技术制造业的快速发展，毕业生从事相关工作的机会增多；理学、法学工作与专业相关度提升也较为明显，2022届毕业生毕业半年后相比2020届分别上升了4个、6个百分点。此外，农学工作与专业相关度虽排名最低，但上升趋势明显，2022届毕业生毕业半年后（61%）比2020届（57%）高了4

个百分点，这说明毕业生知农爱农意识以及学农从农的意愿不断增强（见表6-1、表6-2）。

表6-1　2020~2022届本科各学科门类毕业生毕业半年后的工作与专业相关度

单位：%

本科学科门类名称	2022届	2021届	2020届
医学	94	93	92
教育学	83	84	85
工学	76	74	71
文学	73	74	74
理学	73	71	69
法学	71	68	65
历史学	71	70	69
艺术学	68	70	67
管理学	67	66	64
经济学	62	62	61
农学	61	59	57
全国本科	74	73	71

注：个别学科门类因为样本较少，没有包括在内。
资料来源：麦可思-中国2020~2022届大学毕业生培养质量跟踪评价。

表6-2　2016届、2017届本科各学科门类毕业生毕业五年后的工作与专业相关度

单位：%

本科学科门类名称	2017届毕业五年后	2016届毕业五年后
医学	92	92
教育学	80	74
理学	68	64
法学	67	65
文学	67	67
工学	64	63
艺术学	60	61
经济学	57	57
管理学	57	59
农学	52	53
全国本科	65	65

注：个别学科门类因为样本较少，没有包括在内。
资料来源：麦可思-中国2016届、2017届大学毕业生五年后职业发展跟踪评价。

具体到专业层面，工作与专业相关度排名前30的专业主要集中在医学相关专业。其中，排名前五的专业分别为医学影像学（99%）、口腔医学（98%）、临床医学（97%）、预防医学（97%）、医学检验技术（96%）（见表6-3）。

表6-3　2022届本科毕业生工作与专业相关度排前30位的主要专业

单位：%

本科专业名称	工作与专业相关度
医学影像学	99
口腔医学	98
临床医学	97
预防医学	97
医学检验技术	96
护理学	95
针灸推拿学	95
医学影像技术	95
中医学	94
麻醉学	93
药学	90
康复治疗学	89
地理科学	89
汉语言文学	88
工程造价	88
药物制剂	88
小学教育	87
体育教育	87
土木工程	87
动物医学	86
道路桥梁与渡河工程	86
建筑学	85
学前教育	85
中药学	85

续表

本科专业名称	工作与专业相关度
电气工程及其自动化	84
给排水科学与工程	83
教育学	83
水利水电工程	83
安全工程	82
运动训练	82
全国本科	74

注：毕业生规模过小的专业不包括在此排序中。
资料来源：麦可思-中国2022届大学毕业生培养质量跟踪评价。

（三）主要职业的工作与专业相关度

卫生健康类职业从业门槛较高，毕业生在这类岗位上工作与专业相关度普遍较高，而行政、后勤、销售类职业对从业人员专业背景的要求较低。在2022届本科毕业生工作与专业相关度要求最高的前20位职业中，前八位均为卫生健康类职业，其中外科医师的工作与专业相关度达到100%，内科医师、药剂师、护士、康复治疗师、全科医师的工作与专业相关度均为99%，这些职业对从业人员专业背景的要求较高（见表6-4）。

另外，在工作与专业相关度要求最低的前20位职业中，与行政后勤、销售相关的职业数量较多，这类职业对从业人员专业背景的限制较少（见表6-5）。

表6-4　2022届本科毕业生工作与专业相关度要求最高的前20位职业

单位：%

职业名称	工作与专业相关度
外科医师	100
内科医师	99
药剂师	99

续表

职业名称	工作与专业相关度
护士	99
康复治疗师	99
全科医师	99
放射技术人员	98
医学和临床实验室技术人员	96
电路绘图人员	94
计算机程序员	94
机械技术人员	94
医学研究人员	94
土木工程技术人员	94
化学研究人员	93
机械绘图人员	93
幼儿教师	92
法律职员	92
建筑绘图人员	92
电子工程技术人员	92
电气工程技术人员	91
全国本科	74

注：毕业生规模过小的职业不包括在此排序中。
资料来源：麦可思－中国2022届大学毕业生培养质量跟踪评价。

表6-5 2022届本科毕业生工作与专业相关度要求最低的前20位职业

单位：%

职业名称	工作与专业相关度
社区和村镇工作人员	21
数据录入员	30
房地产经纪人	31
推销员	33
客服专员	35
文员	35

103

续表

职业名称	工作与专业相关度
物业经理	36
营业员	37
档案管理员	38
行政秘书和行政助理	42
一线销售经理（零售）	43
市场经理	44
销售经理	44
采购员	48
活动执行	49
保险销售人员	50
各类销售服务人员	51
金融服务销售商	51
招聘专职人员	52
运营经理	52
全国本科	74

注：毕业生规模过小的职业不包括在此排序中。
资料来源：麦可思－中国2022届大学毕业生培养质量跟踪评价。

二　职位晋升情况

（一）总体职位晋升

随着工作时间的延长，毕业生不断实现职位晋升[①]。在工作三年阶段，"双一流"院校与地方本科院校毕业生在晋升比例上没有差异；在工作五年阶

[①] 职位晋升：由已经工作的毕业生回答是否获得职位晋升以及获得晋升的次数。职位晋升是指享有比前一个职位更多的职权并承担更多的责任，由毕业生主观判断。这既包括不换雇主的内部提升，也包括通过更换雇主实现的晋升。
职位晋升次数：由毕业生回答获得职位晋升的次数，计算公式的分子是三年内、五年内毕业生获得的职位晋升次数，没有获得职位晋升的人记为0次，分母是三年内、五年内就业和就业过的毕业生数。

本科毕业生职业发展分析

段,"双一流"院校毕业生晋升优势显现。2017届本科生毕业五年内获得晋升的比例为66%、平均晋升次数为1.1次,其中"双一流"院校平均晋升比例为69%、平均晋升次数为1.2次(见图6-6、图6-7)。

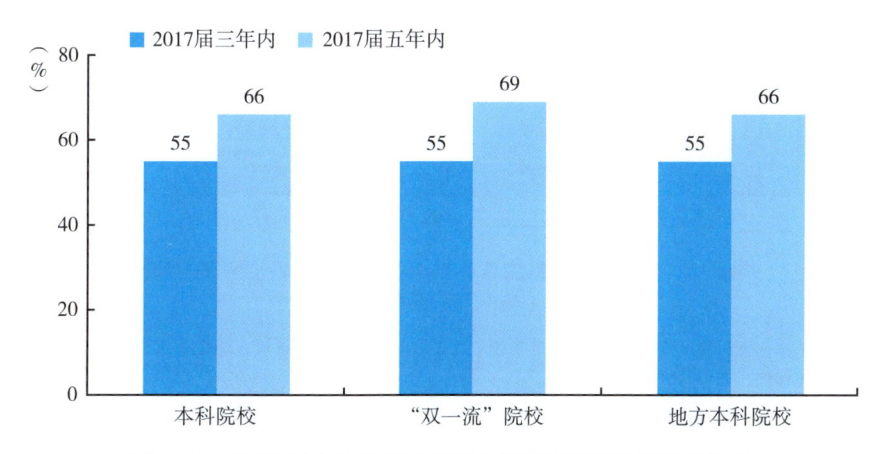

图6-6　2017届本科生毕业五年内平均获得职位晋升的比例
(与2017届三年内对比)

数据来源:麦可思-中国2017届大学毕业生五年后职业发展跟踪评价,2017届大学毕业生三年后职业发展跟踪评价。

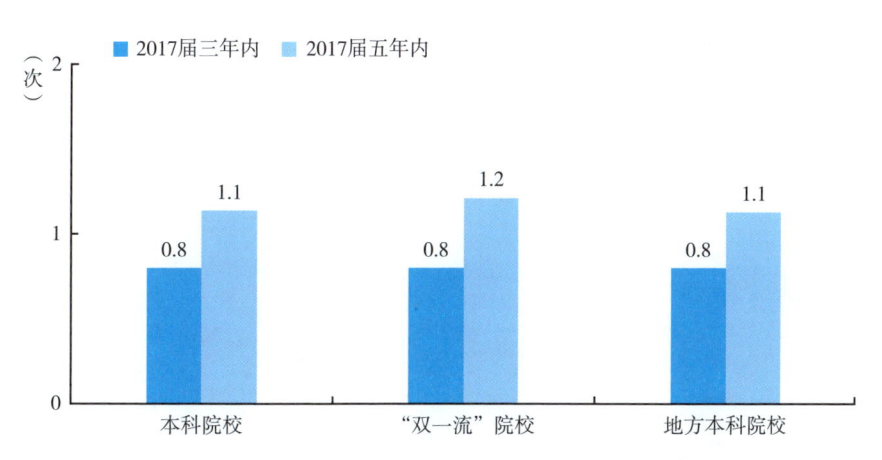

图6-7　2017届本科生毕业五年内平均获得职位晋升的次数
(与2017届三年内对比)

数据来源:麦可思-中国2017届大学毕业生五年后职业发展跟踪评价,2017届大学毕业生三年后职业发展跟踪评价。

就业蓝皮书·本科

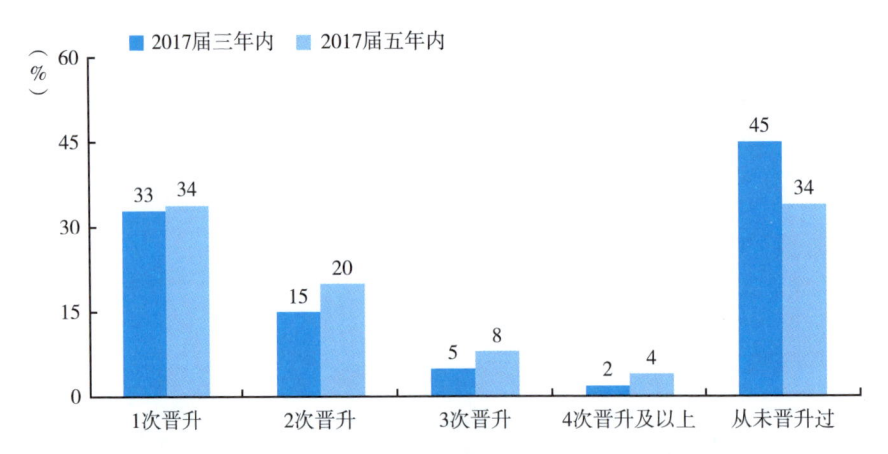

图 6-8　2017 届本科生毕业五年内平均获得职位晋升的频度
（与 2017 届三年内对比）

数据来源：麦可思-中国 2017 届大学毕业生五年后职业发展跟踪评价，2017 届大学毕业生三年后职业发展跟踪评价。

（二）各学科门类的职位晋升

综合职位晋升比例和次数可以看出，管理学、艺术学、工学在毕业五年内晋升比例和晋升次数均排名前三位。具体来看，管理学、艺术学、工学毕业三年内获得职位晋升的比例分别为 57%、60%、55%，随着工作年限的增加，晋升比例进一步提升，在毕业五年内晋升比例均达到 69%，晋升次数均达到 1.2 次。另外，医学职位晋升的比例和次数在毕业三年内和五年内均相对较低，这与医疗卫生人员特定的职称体系有关（见表 6-6、表 6-7）。

表 6-6　2017 届本科各学科门类毕业生五年内平均获得职位晋升的比例
（与 2017 届三年内对比）

单位：%

本科学科门类名称	2017 届五年内	2017 届三年内
管理学	69	57
艺术学	69	60
工学	69	55
经济学	67	54

本科毕业生职业发展分析

续表

本科学科门类名称	2017届五年内	2017届三年内
农学	66	53
教育学	64	53
文学	63	57
法学	62	46
理学	62	52
医学	49	41
全国本科	66	55

注：个别学科门类因为样本较少，没有包括在内。
资料来源：麦可思-中国2017届大学毕业生五年后职业发展跟踪评价，2017届大学毕业生三年后职业发展跟踪评价。

表6-7　2017届本科各学科门类毕业生五年内平均获得职位晋升的次数
（与2017届三年内对比）

单位：次

本科学科门类名称	2017届五年内	2017届三年内
工学	1.2	0.9
管理学	1.2	0.9
艺术学	1.2	1.0
农学	1.1	0.8
经济学	1.1	0.8
法学	1.0	0.6
理学	1.0	0.8
文学	1.0	0.9
教育学	0.9	0.8
医学	0.7	0.5
全国本科	1.1	0.8

注：个别学科门类因为样本较少，没有包括在内。
资料来源：麦可思-中国2017届大学毕业生五年后职业发展跟踪评价，2017届大学毕业生三年后职业发展跟踪评价。

(三) 主要行业、职业的职位晋升

生活服务领域整体上职位晋升较快。住宿和餐饮业、房地产开发及租赁业、邮递/物流及仓储业、零售业在毕业五年内职位晋升比例排名靠前，分别为83%、81%、81%、80%。同时，这四类行业本科生毕业五年内的职位晋升次数排名也靠前，分别达到1.8次、1.7次、1.6次、1.7次（见表6-8、表6-9）。

表6-8 2017届本科主要行业类毕业生五年内平均获得职位晋升的比例（与2017届三年内对比）

单位：%

本科行业类名称	2017届五年内	2017届三年内
住宿和餐饮业	83	68
房地产开发及租赁业	81	67
邮递、物流及仓储业	81	68
零售业	80	70
建筑业	76	62
医药及设备制造业	75	61
信息传输、软件和信息技术服务业	74	63
各类专业设计与咨询服务业	73	66
居民服务、修理和其他服务业	73	62
电子电气设备制造业（含计算机、通信、家电等）	73	61
金融业	71	58
食品、烟草、加工业	70	63
纺织、服装、皮革制造业	69	57
化学品、化工、塑胶制造业	69	55
其他制造业	69	54
文化、体育和娱乐业	68	61
交通运输设备制造业	68	48
运输业	67	51
农、林、牧、渔业	67	57
机械设备制造业	65	53

续表

本科行业类名称	2017届五年内	2017届三年内
电力、热力、燃气及水生产和供应业	65	52
教育业	62	54
行政、商业和环境保护辅助业	60	48
采矿业	58	46
政府及公共管理	49	32
医疗和社会护理服务业	48	38
全国本科	66	55

注：个别行业类因为样本较少，没有包括在内。
资料来源：麦可思－中国2017届大学毕业生五年后职业发展跟踪评价，2017届大学毕业生三年后职业发展跟踪评价。

表6-9　2017届本科主要行业类毕业生五年内平均获得职位晋升的次数（与2017届三年内对比）

单位：次

本科行业类名称	2017届五年内	2017届三年内
住宿和餐饮业	1.8	1.3
房地产开发及租赁业	1.7	1.2
零售业	1.7	1.2
邮递、物流及仓储业	1.6	1.1
纺织、服装、皮革制造业	1.5	0.9
信息传输、软件和信息技术服务业	1.4	1.0
居民服务、修理和其他服务业	1.4	1.1
食品、烟草、加工业	1.4	1.0
各类专业设计与咨询服务业	1.4	1.1
建筑业	1.4	1.0
医药及设备制造业	1.3	0.9
电子电气设备制造业（含计算机、通信、家电等）	1.3	1.0
文化、体育和娱乐业	1.3	1.0
化学品、化工、塑胶制造业	1.3	0.8

续表

本科行业类名称	2017届五年内	2017届三年内
电力、热力、燃气及水生产和供应业	1.3	0.8
其他制造业	1.2	0.9
金融业	1.2	0.9
农、林、牧、渔业	1.2	1.1
机械设备制造业	1.1	0.8
运输业	1.1	0.8
行政、商业和环境保护辅助业	1.1	0.8
交通运输设备制造业	1.1	0.6
采矿业	1.0	0.6
教育业	0.9	0.8
医疗和社会护理服务业	0.7	0.5
政府及公共管理	0.7	0.4
全国本科	1.1	0.8

注：个别行业类因为样本较少，没有包括在内。

资料来源：麦可思－中国2017届大学毕业生五年后职业发展跟踪评价，2017届大学毕业生三年后职业发展跟踪评价。

经营管理类职业的晋升优势明显。具体来看，从事经营管理类职业的毕业生在毕业三年内职位晋升比例已超过80%，毕业五年内职位晋升比例进一步上升，达到91%。晋升速度快体现了其职业特点，这类职业本身就要求从业者达到一定层次和级别。另外，公安/检察/法院/经济执法、社区工作、医疗保健/紧急救助类职业的晋升相对缓慢（见表6-10、表6-11）。

表6-10　2017届本科主要职业类毕业生五年内平均获得职位晋升的比例（与2017届三年内对比）

单位：%

本科职业类名称	2017届五年内	2017届三年内
经营管理	91	83
人力资源	78	66

本科毕业生职业发展分析

续表

本科职业类名称	2017届五年内	2017届三年内
房地产经营	78	75
销售	78	66
互联网开发及应用	76	66
生产/运营	76	65
建筑工程	76	64
物流/采购	75	66
电力/能源	75	58
表演艺术/影视	74	70
计算机与数据处理	73	58
电气/电子（不包括计算机）	72	57
职业培训/其他教育	71	55
金融（银行/基金/证券/期货/理财）	71	58
幼儿与学前教育	70	58
美术/设计/创意	69	65
生物/化工	69	54
工业安全与质量	69	54
媒体/出版	69	59
保险	65	52
机械/仪器仪表	65	53
律师/律政调查员	64	56
财务/审计/税务/统计	63	52
机动车机械/电子	63	46
环境保护	62	49
交通运输/邮电	61	52
农/林/牧/渔类	59	52
中小学教育	59	52
行政/后勤	56	43
医疗保健/紧急救助	48	40

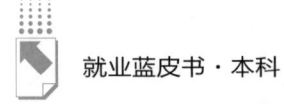

续表

本科职业类名称	2017届五年内	2017届三年内
社区工作	48	38
公安/检察/法院/经济执法	47	31
全国本科	66	55

注：个别职业类因为样本较少，没有包括在内。

资料来源：麦可思－中国2017届大学毕业生五年后职业发展跟踪评价，2017届大学毕业生三年后职业发展跟踪评价。

表6-11　2017届本科主要职业类毕业生五年内平均获得职位晋升的次数（与2017届三年内对比）

单位：次

本科职业类名称	2017届五年内	2017届三年内
经营管理	2.1	1.6
房地产经营	1.8	1.4
表演艺术/影视	1.6	1.4
职业培训/其他教育	1.5	1.1
销售	1.5	1.1
互联网开发及应用	1.5	1.1
人力资源	1.5	1.1
生产/运营	1.4	1.0
美术/设计/创意	1.4	1.1
建筑工程	1.4	1.0
电力/能源	1.4	0.9
计算机与数据处理	1.4	0.9
物流/采购	1.3	1.0
电气/电子（不包括计算机）	1.3	0.9
媒体/出版	1.2	0.9
生物/化工	1.2	0.7
工业安全与质量	1.2	0.8
金融（银行/基金/证券/期货/理财）	1.1	0.9

本科毕业生职业发展分析

续表

本科职业类名称	2017 届五年内	2017 届三年内
律师 / 律政调查员	1.1	0.9
机械 / 仪器仪表	1.1	0.8
机动车机械 / 电子	1.1	0.7
农 / 林 / 牧 / 渔类	1.1	0.8
环境保护	1.0	0.8
幼儿与学前教育	1.0	0.9
保险	1.0	0.7
财务 / 审计 / 税务 / 统计	1.0	0.8
交通运输 / 邮电	1.0	0.7
行政 / 后勤	0.8	0.6
中小学教育	0.8	0.7
社区工作者	0.7	0.4
公安 / 检察 / 法院 / 经济执法	0.6	0.4
医疗保健 / 紧急救助	0.6	0.5
全国本科	1.1	0.8

注：个别职业类因为样本较少，没有包括在内。

资料来源：麦可思－中国 2017 届大学毕业生五年后职业发展跟踪评价，2017 届大学毕业生三年后职业发展跟踪评价。

三　职场忠诚度分析

（一）离职率与雇主数

毕业生职场稳定性有所增强，"双一流"院校毕业生职场稳定性更高。从应届本科毕业生的离职率[①]来看，2022 届为 21%，比 2018 届（23%）低了 2 个百分点，这在一定程度上反映出近年来毕业生就业更加求稳；其中，"双一

---

① **离职率**：有过工作经历的毕业生（从毕业时到 2022 年 12 月 31 日）有多大比例离职过。离职率 = 曾经有离职行为的毕业生人数 / 现在工作或曾经工作过的毕业生人数。

113

流"院校、地方本科院校离职率分别为11%、23%，五年内均下降了2个百分点（见图6-9、图6-10）。

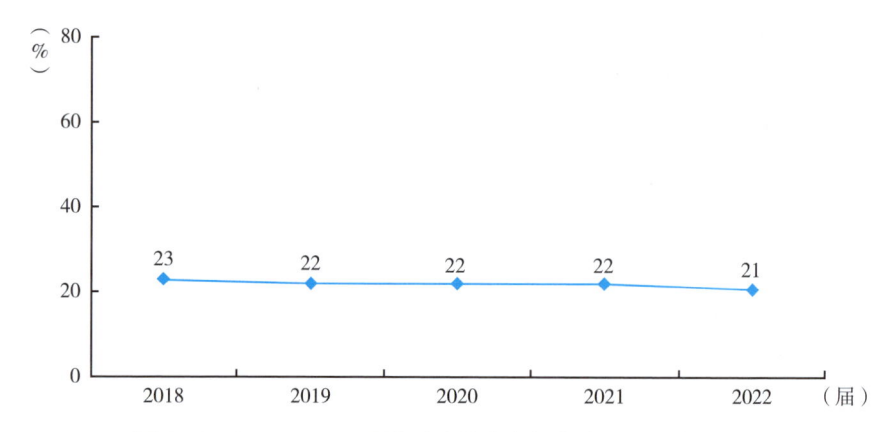

图6-9　2018~2022届本科生毕业半年内的离职率变化趋势

数据来源：麦可思－中国2018~2022届大学毕业生培养质量跟踪评价。

图6-10　2018~2022届各类本科院校毕业生毕业半年内的离职率变化趋势

数据来源：麦可思－中国2018~2022届大学毕业生培养质量跟踪评价。

从毕业五年内的雇主数[①]来看，全国本科2017届本科生毕业五年内的雇主数为2.2个，"双一流"院校与地方本科院校无明显差异（见图6-11、图6-12）。

---

① 雇主数：指毕业生从第一份工作到五年后的跟踪评价时点，一共为多少个雇主工作过。雇主数越多，则工作转换得越频繁；雇主数可以代表毕业生工作稳定的程度。

本科毕业生职业发展分析

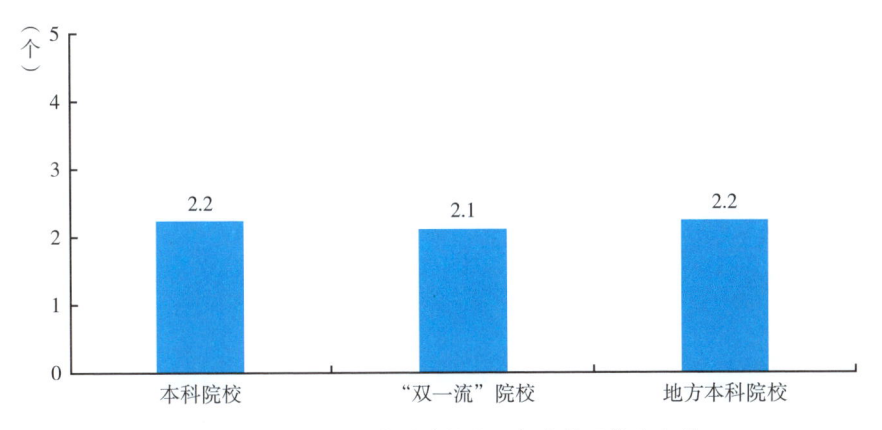

图 6-11 2017 届本科生毕业五年内的平均雇主数

数据来源：麦可思-中国 2017 届大学毕业生五年后职业发展跟踪评价。

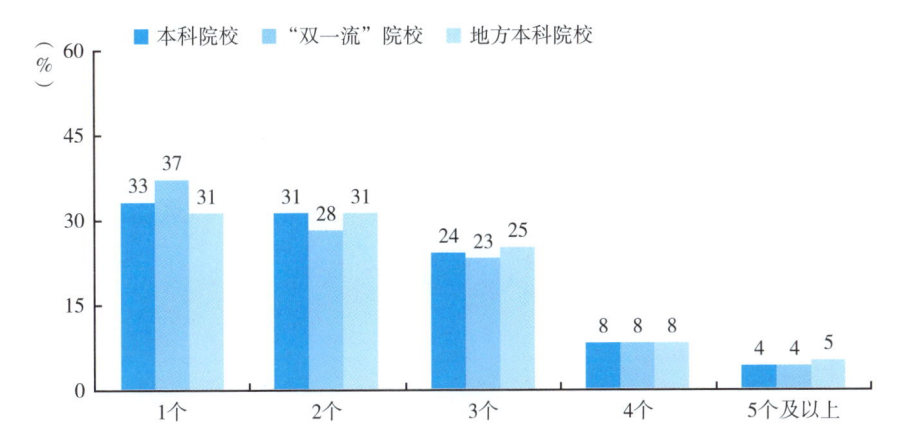

图 6-12 2017 届本科生毕业五年内工作过的雇主数频度

数据来源：麦可思-中国 2017 届大学毕业生五年后职业发展跟踪评价。

医学毕业生职场忠诚度持续最高。具体来看，医学生毕业半年内的离职率连续三届均在 15% 以下，同时也是毕业五年内唯一雇主数低于 2 个的学科门类；历史学就业稳定性也较强，连续三年排在第两位。另外，艺术学毕业生职场流动性较强，毕业半年内的离职率（32%）和五年内的雇主数（2.5 个）均最高（见表 6-12、表 6-13）。就业稳定性与专业特点、就业所在单位类型等均有一定关系。

115

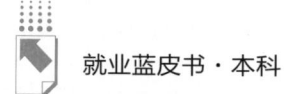

表 6-12　2020~2022 届本科各学科门类毕业生毕业半年内的离职率

单位：%

本科学科门类名称	2022 届	2021 届	2020 届
医学	14	13	13
历史学	14	14	15
工学	17	18	20
教育学	18	19	18
法学	18	20	19
理学	20	21	19
管理学	25	25	25
经济学	25	26	26
文学	26	29	27
农学	27	26	25
艺术学	32	32	32
全国本科	21	22	22

注：个别学科门类因为样本较少，没有包括在内。
资料来源：麦可思-中国 2020~2022 届大学毕业生培养质量跟踪评价。

表 6-13　2017 届本科各学科门类毕业生毕业五年内的平均雇主数

单位：个

本科学科门类名称	毕业五年内平均雇主数
医学	1.7
教育学	2.0
理学	2.1
经济学	2.2
法学	2.2
文学	2.2
工学	2.2
管理学	2.2
农学	2.3
艺术学	2.5
全国本科	2.2

注：个别学科门类因为样本较少，没有包括在内。
资料来源：麦可思-中国 2017 届大学毕业生五年后职业发展跟踪评价。

本科毕业生职业发展分析

（二）离职原因

追求更高薪资福利和更大发展空间是毕业生选择离职的主要原因。具体来看，2022届毕业生主要因薪资福利偏低、个人发展空间不够而选择离职（分别为38%、34%），其中因薪资福利偏低而离职的比例相较于2021届（35%）上升了3个百分点。另外，2022届因工作要求高、压力大而离职的比例（24%）相较于2021届（20%）上升了4个百分点（见图6-13）。

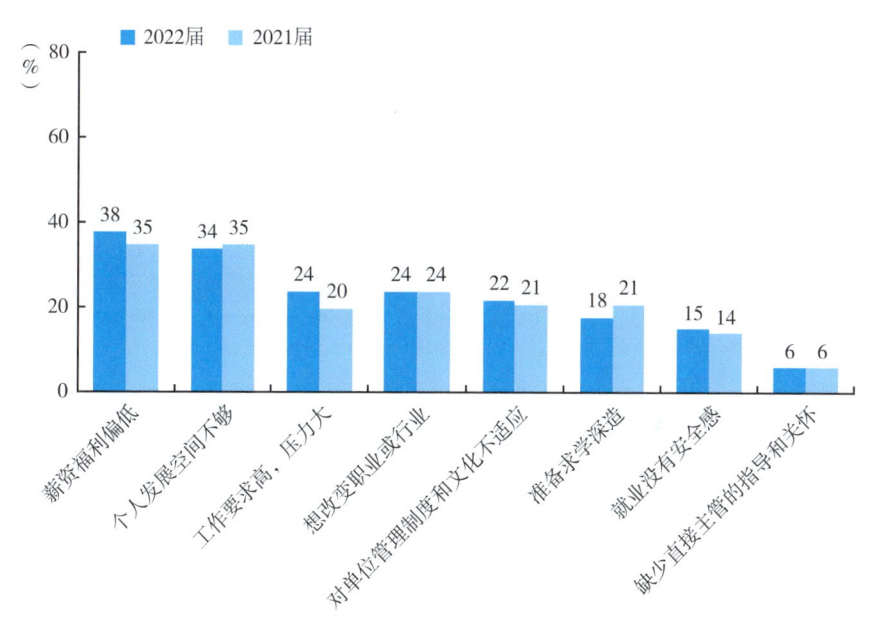

离职原因	2022届	2021届
薪资福利偏低	38	35
个人发展空间不够	34	35
工作要求高、压力大	24	20
想改变职业或行业	24	24
对单位管理制度和文化不适应	22	21
准备求学深造	18	21
就业没有安全感	15	14
缺少直接主管的指导和关怀	6	6

图6-13　2021届、2022届本科毕业生主动离职的原因

数据来源：麦可思－中国2021届、2022届大学毕业生培养质量跟踪评价。

B.7
本科毕业生读研和留学分析

摘　要： 近年来研究生招生人数逐年增长，理工农医类研究生培养规模持续扩大，对急需领域人才培养的支撑力度加大。与此同时，考研竞争越来越激烈，应届本科毕业生初次考研失利的情况更加普遍，多次考研的成功率也持续下降；毕业生不再单纯追求名校，转而更加关注报考难度，此外"逃避式考研"的现象增多。毕业生留学比例趋于稳定，学成归国比例逐年上升，且前往杭州等新一线城市发展的意愿较强。学历提升带来的经济回报和从业幸福感进一步显现。

关键词： 读研　留学　学成归国　学历提升回报　本科生

一　读研和留学比例

(一) 境内读研比例

近年来，研究生教育招生规模持续扩大，这在缓解就业总量压力的同时，也为前沿领域科技攻关、科技创新提供了人才支撑与储备。从近五年的数据来看，应届本科毕业生境内读研比例从2018届的14.7%逐年增至2022届的17.9%，上升了3.2个百分点。其中，"双一流"院校境内读研比例增幅更为明显，从2018届的29.4%增至2022届的37.0%，上升了7.6个百分点，这也和"双一流"院校拔尖创新人才培养定位相符（见图7-1）。

考研报名人数屡创新高，2022年在高位上实现高增长，报名人数达457万，相比上一年增长超过21%；2023年报名人数继续小幅攀升，达到474万人。考研竞争越来越激烈，应届本科毕业生初次考研失利的情况更加普遍。

本科毕业生读研和留学分析

图 7-1　2018~2022 届本科毕业生境内读研的比例变化趋势

数据来源：麦可思 - 中国 2018~2022 届大学毕业生培养质量跟踪评价。

应届本科毕业生中，不工作准备境内考研的比例呈现持续上升的趋势，从 2018 届的 2.8% 逐年上升至 2022 届的 6.7%。2022 届正在准备考研的毕业生中，超八成已参加过研究生考试，初次考研失利主要是由于初试总分未达到录取线（见图 7-2、图 7-3）。

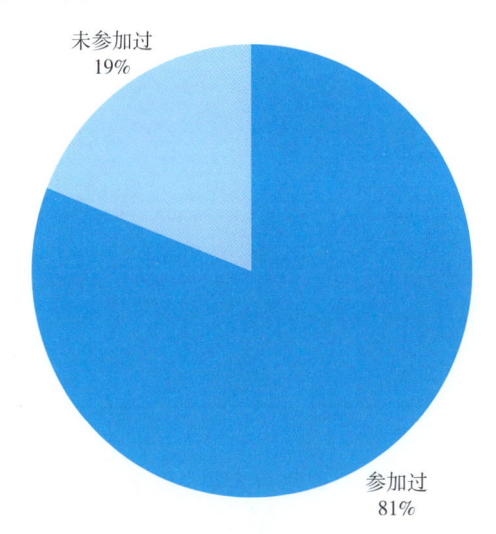

图 7-2　2022 届本科生毕业半年后准备考研群体参加过国内研究生考试的比例

数据来源：麦可思 - 中国 2022 届大学毕业生培养质量跟踪评价。

119

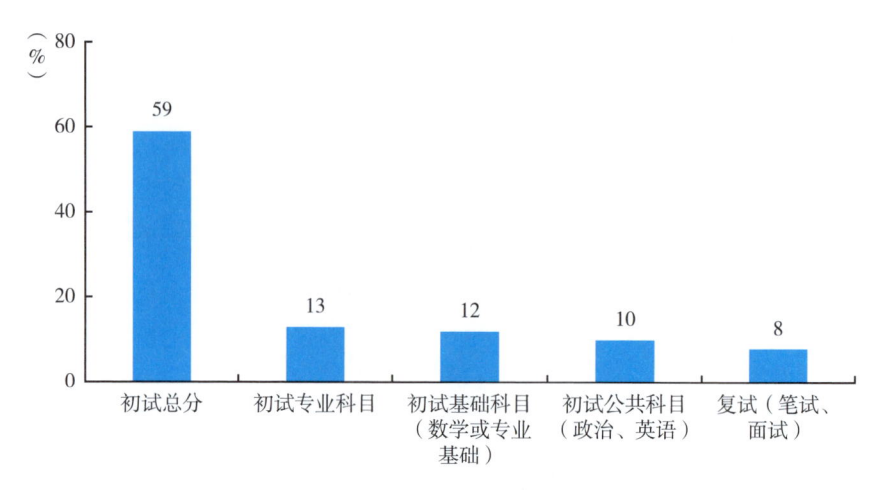

图 7-3 2022 届本科生毕业半年后准备考研群体初次考研未通过科目

数据来源：麦可思-中国 2022 届大学毕业生培养质量跟踪评价。

由于考研竞争日益激烈，毕业生二次甚至三次考研的成功率也在下降。2019 届毕业后准备考研的本科生群体中，三年内成功考上研究生的比例（41.5%）相比 2018 届同期（43.1%）下降（见图 7-4）。

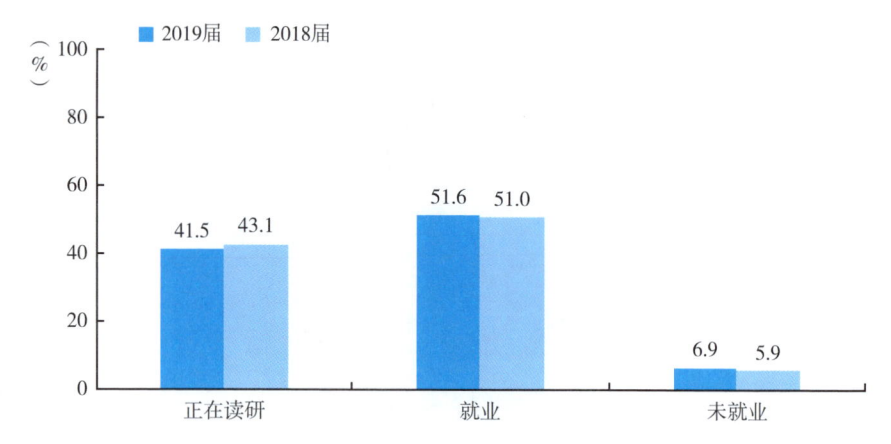

图 7-4 2018 届、2019 届本科生毕业半年后准备考研群体三年后的学历提升情况

数据来源：麦可思-中国 2018 届、2019 届大学毕业生三年后职业发展跟踪评价，2018 届、2019 届大学毕业生培养质量跟踪评价。

本科毕业生读研和留学分析

跨专业考研方面，本科毕业生读研转换专业的比例有所上升，地方本科院校读研转换专业的比例更高。具体来看，2022届正在读研的本科毕业生中，近三成（28%）转换了专业，较2021届（26%）上升了2个百分点，其中"双一流"院校、地方本科院校毕业生读研转换专业的比例分别为25%、28%（见图7-5）。个人兴趣爱好以及未来职业规划是促使毕业生跨专业读研的主要原因。

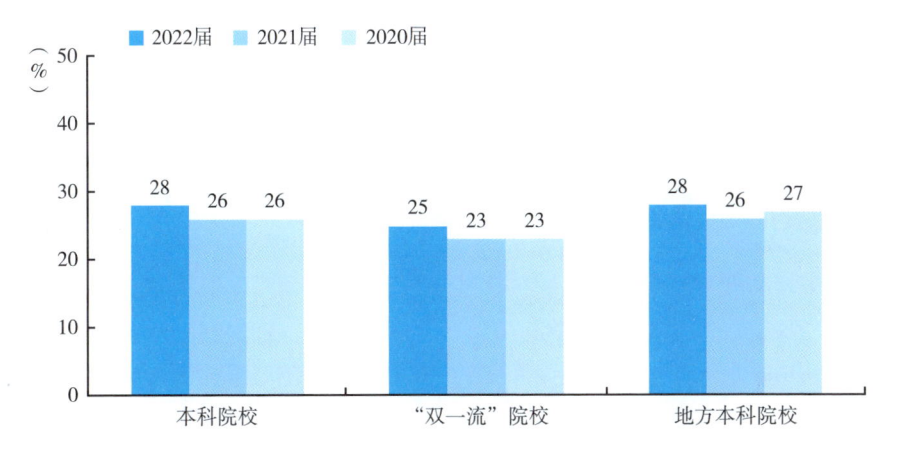

图7-5 2020~2022届本科毕业生读研转换专业的比例

数据来源：麦可思-中国2020~2022届大学毕业生培养质量跟踪评价。

理工农医类研究生培养规模持续扩大，对"四个面向"战略部署的服务贡献不断提升。具体来看，医学、农学、理学读研比例①连续三届均超过20%，且呈现持续上升的趋势，其中农学读研比例上升幅度较大，三年内上升了13.8%，2022届已接近医学；另外，工学读研比例上升幅度也较大，三年内上升了12.2%（见表7-1）。进一步从2022届本科毕业生读研的主要研究生专业类分布来看，排名前五的依次是电子信息、临床医学、材料与化工、计算机科学与技术、材料科学与工程（见表7-3）。

面向基础原材料、高端芯片、人工智能、公共卫生等急需领域的学科布局和人才培养是研究生教育发展的重点之一，对加快实施创新驱动发展战略、

---

① 各学科门类读研比例＝各学科门类境内读研的毕业生人数/该学科门类毕业生总人数。

实现高水平科技自立自强具有重要的支撑作用，可持续关注相关学科、专业的研究生培养效果。

表 7-1　2020~2022 届本科各学科门类读研比例

单位：%

本科学科门类名称	2022 届	2021 届	2020 届
医学	28.5	28.0	27.1
农学	28.1	25.6	24.7
理学	26.9	25.0	24.5
历史学	22.8	21.3	19.5
法学	21.1	20.6	20.1
工学	21.1	20.1	18.8
文学	14.3	14.2	13.0
经济学	14.0	13.8	13.3
教育学	12.2	12.3	12.1
管理学	11.2	11.6	11.4
艺术学	8.1	7.7	7.6
全国本科	17.9	17.2	16.4

注：个别学科门类因为样本较少，没有包括在内。
资料来源：麦可思－中国 2020~2022 届大学毕业生培养质量跟踪评价。

各学科读研转换专业方面，经管类毕业生跨专业读研比例[①]较高，法学、医学、历史学较低。具体来看，近三年管理学、经济学毕业生读研转换专业的比例均达到或超过 40%；法学、医学、历史学毕业生读研转换专业的比例较低（2022 届分别为 11%、16%、16%），这也和相关学科领域专业性较强、对报考者本科专业背景具有一定要求有关（见表 7-2）。随着交叉学科设置高校的不断增加以及复合型研究生培养模式的不断探索和完善，毕业生跨专业读研的情况将越来越多，这也给研究生培养质量的提升带来了全新挑战。

---

① 各学科门类读研转换专业比例＝各学科门类境内读研的毕业生转换专业的人数/该学科门类读研毕业生总人数。

本科毕业生读研和留学分析

表7-2 2020~2022届本科各学科门类读研转换专业比例

单位：%

本科学科门类名称	2022届	2021届	2020届
管理学	50	45	44
经济学	43	41	40
文学	31	29	30
艺术学	29	26	26
农学	26	28	30
工学	25	23	22
教育学	22	21	21
理学	20	21	23
历史学	16	14	13
医学	16	13	12
法学	11	12	14
全国本科	28	26	26

注：个别学科门类因为样本较少，没有包括在内。
资料来源：麦可思－中国2020~2022届大学毕业生培养质量跟踪评价。

表7-3 2022届本科毕业生读研的主要研究生专业类分布

单位：%

主要研究生专业类	分布比例	主要研究生专业类	分布比例
电子信息	6.8	体育	0.9
临床医学	4.1	地理学	0.8
材料与化工	3.0	化学工程与技术	0.8
计算机科学与技术	2.8	新闻与传播	0.7
材料科学与工程	2.6	水利工程	0.7
生物学	2.2	艺术	0.7
教育	2.1	生物医学工程	0.7
法学	2.0	基础医学	0.7
机械	2.0	作物学	0.7
会计	2.0	汉语国际教育	0.6
机械工程	2.0	工程	0.6
土木水利	1.9	心理学	0.6

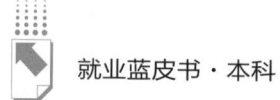

续表

主要研究生专业类	分布比例	主要研究生专业类	分布比例
法律	1.9	体育学	0.6
药学	1.8	软件工程	0.6
化学	1.8	社会工作	0.6
教育学	1.8	应用统计	0.6
马克思主义理论	1.4	音乐与舞蹈学	0.6
土木工程	1.4	公共卫生	0.6
电气工程	1.3	工程管理	0.6
金融	1.3	中西医结合	0.5
资源与环境	1.3	能源动力	0.5
翻译	1.3	新闻传播学	0.5
设计学	1.3	国际商务	0.5
环境科学与工程	1.2	光学工程	0.5
食品科学与工程	1.2	建筑学	0.4
信息与通信工程	1.2	林学	0.4
控制科学与工程	1.2	戏剧与影视学	0.4
物理学	1.2	风景园林学	0.4
电子科学与技术	1.2	植物保护	0.4
数学	1.2	林业	0.4
工商管理	1.1	公共卫生与预防医学	0.4
中国语言文学	1.1	动力工程及工程热物理	0.4
外国语言文学	1.1	风景园林	0.4
中医	1.0	统计学	0.4
生物与医药	1.0	网络空间安全	0.4
公共管理	1.0	畜牧学	0.4
管理科学与工程	1.0	中国史	0.4
中医学	0.9	安全科学与工程	0.4
中药学	0.9	农业资源利用	0.4
应用经济学	0.9	农业推广	0.3

注：个别专业类因为样本较少、比例较低，没有展示。
资料来源：麦可思－中国2022届大学毕业生培养质量跟踪评价。

（二）留学比例

本科毕业生留学比例趋于稳定。从留学比例的趋势变化来看，2020届留学比例（1.6%）较以往明显下降，2021届、2022届（分别为1.2%、1.3%）已趋于稳定。从不同院校类型来看，"双一流"院校本科生留学受影响更大，2022届"双一流"院校留学比例（2.8%）相比2018届（4.6%）下降了1.8个百分点；地方本科院校留学比例（1.0%）相比2018届（1.6%）下降了0.6个百分点（见图7-6）。

图7-6 2018~2022届本科毕业生留学的比例变化趋势

数据来源：麦可思-中国2018~2022届大学毕业生培养质量跟踪评价。

经济学毕业生留学比例[①]持续较高，文学、工学毕业生留学比例较2020届下降较多。从不同学科门类来看，经济学2020~2022届毕业生留学比例（分别为3.7%、3.6%、3.6%）保持稳定且较高；文学、工学毕业生留学比例较2020届分别下降了0.7个、0.5个百分点（见表7-4）。

从留学专业类分布看，工商管理学依然是留学最为热门的专业类，占比30.5%。另外，社会科学、工程科学类专业也是留学人群选择较多的专业类，占

---

① 各学科门类留学比例=各学科门类留学的毕业生人数/该学科门类毕业生总人数。

比均在 6% 以上。需要注意的是，留学群体在理工类专业就读的占比与往年相比普遍下降，这也与近年来留学政策对部分专业领域的限制有关（见图 7-7）。

表 7-4　2020~2022 届本科各学科门类留学比例

单位：%

本科学科门类名称	2022 届	2021 届	2020 届
经济学	3.6	3.6	3.7
法学	1.9	1.6	1.7
文学	1.9	1.9	2.6
管理学	1.6	1.3	1.7
艺术学	1.5	1.2	1.5
理学	1.1	1.1	1.3
工学	0.8	0.7	1.3
教育学	0.4	0.2	0.3
医学	0.4	0.2	0.4
农学	0.3	0.2	0.4
历史学	0.1	0.1	0.1
全国本科	1.3	1.2	1.6

注：个别学科门类因为样本较少，没有包括在内。
资料来源：麦可思－中国 2020~2022 届大学毕业生培养质量跟踪评价。

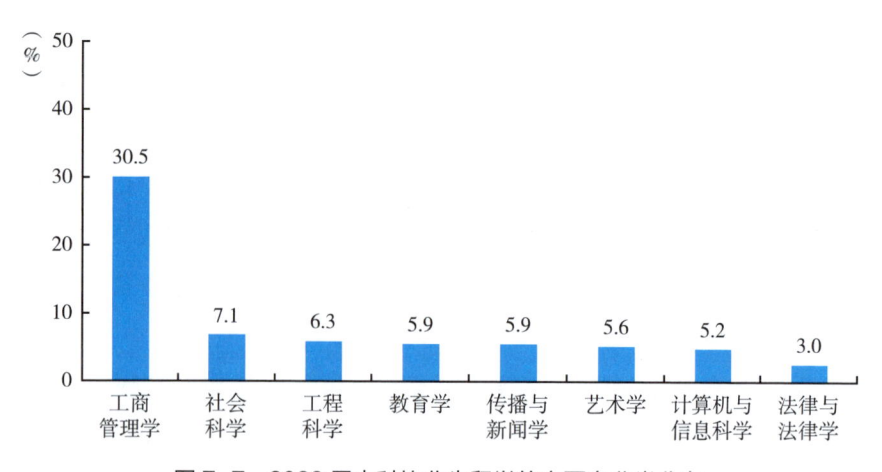

专业类	比例(%)
工商管理学	30.5
社会科学	7.1
工程科学	6.3
教育学	5.9
传播与新闻学	5.9
艺术学	5.6
计算机与信息科学	5.2
法律与法律学	3.0

图 7-7　2022 届本科毕业生留学的主要专业类分布

数据来源：麦可思－中国 2022 届大学毕业生培养质量跟踪评价。

二 读研和留学动机

(一) 境内读研动机

毕业生选择读研主要是为了增强就业竞争力，为追求名校而考研的占比下降，此外"逃避式考研"的现象增多。从毕业生读研的动机来看，2022届分别有52%、47%的毕业生因就业前景好、职业发展需要而读研，因想去更好的大学而读研的比例（42%）较2020届（48%）明显下降；另外毕业生因就业难暂时读研、随大流而读研的比例呈上升趋势，对"逃避式考研"的现象需给予适当关注（见图7-8）。

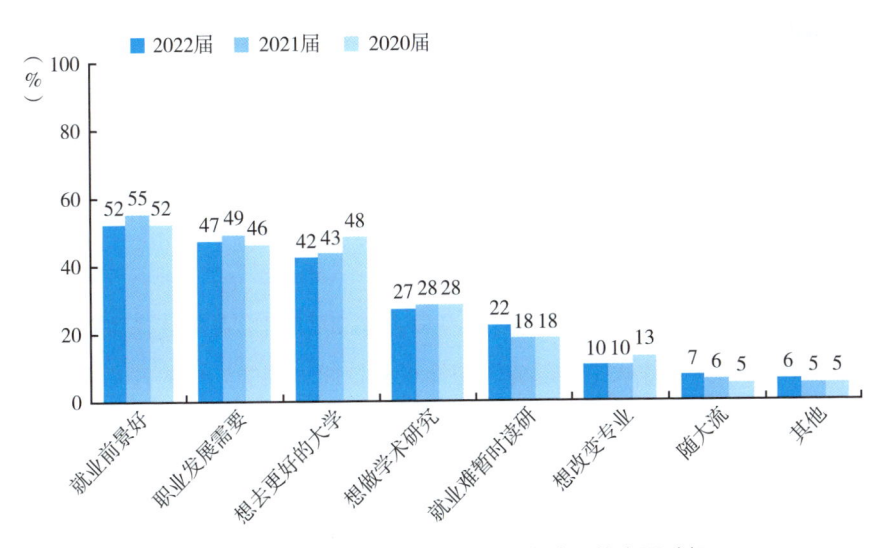

图7-8 2020~2022届本科毕业生读研的主要动机

数据来源：麦可思-中国2020~2022届大学毕业生培养质量跟踪评价。

面对激烈的考研竞争，本科毕业生在选择读研院校时对所学专业或报考院校社会声誉的关注程度有所下降，转而更加关注学校地理位置和报考难度。具体来看，2022届读研群体中，分别有26%、22%的人在选择读研院校时最关注目标专业的声誉、目标学校的声誉,相比2021届均有所下降;最关注学校所在城市、是否容易考上的比例均上升(见图7-9)。

图7-9 2021届、2022届本科院校读研的毕业生选择研究生院校时最关注的因素分布

因素	2022届	2021届
所学专业的声誉	26	28
学校的声誉	22	25
学校所在城市	21	18
容易考上	13	11
导师的学术成就	10	11
其他	8	7

数据来源:麦可思-中国2021届、2022届大学毕业生培养质量跟踪评价。

(二)留学动机

在留学动机方面,增强职业综合竞争力是2022届毕业生选择留学的首要因素(30%);其后依次是学习先进的知识和技能、接受先进的教育方式(分别为23%、22%)(见图7-10)。留学经历对毕业生能力的提升、知识面的拓宽以及视野的开阔均有重要影响。

毕业生留学后"回国意愿"有所波动,持"不确定"态度的比例上升。具体来看,2022届选择留学的本科毕业生中,有50%的人计划完成学业后直接回来工作,这一比例较2021届(65%)、2020届(59%)有所下降;有29%的人目前持"不确定"态度,这一比例较2021届(17%)上升了12个百分点(见图7-11)。

本科毕业后留学群体学成归国的比例逐年上升,前往新一线城市发展的意愿较强。通过跟踪2017届本科毕业后留学群体发现,五年后近八成(77%)

本科毕业生读研和留学分析

图 7-10 2020~2022 届本科毕业生留学的主要动机

数据来源：麦可思－中国 2020~2022 届大学毕业生培养质量跟踪评价。

图 7-11 2020~2022 届本科毕业生留学后的回国意愿分布

数据来源：麦可思－中国 2020~2022 届大学毕业生培养质量跟踪评价。

回到境内（见图 7-12），相比 2016 届（72%）、2015 届（71%）进一步上升。从留学归国人员流入量占比前 10 位的城市来看，一线城市凭借优质的社会公共资源和良好的就业机会吸引了大量留学归国人员，其中上海、北京、深圳继续位列前三；此外新一线城市快速发展，杭州对留学归国人员的吸引力高于一线城市广州排在第四。具体来看，2017 届本科毕业留学群体在学成归国后分别有 16.4%、16.0% 的人选择在上海、北京居住，在深圳居住的占 8.2%，在杭州居住的占 5.0%（见表 7-5）。

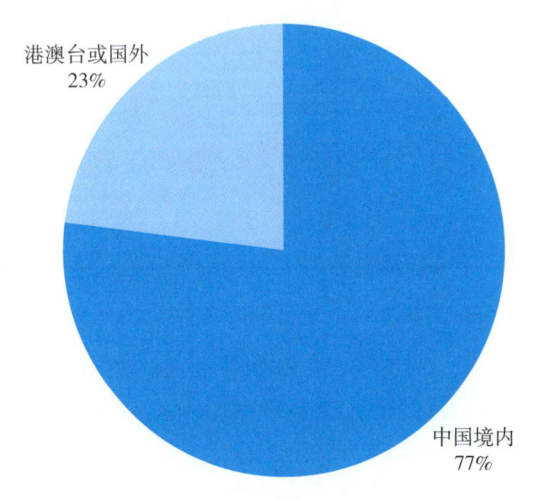

图 7-12　2017 届本科生毕业半年后留学人群五年后的居住地分布

数据来源：麦可思－中国 2017 届大学毕业生五年后职业发展跟踪评价，2017 届大学毕业生培养质量跟踪评价。

表 7-5　2017 届本科生毕业半年后留学人群五年后在境内的主要居住城市

单位：%

主要城市	分布比例
上海	16.4
北京	16.0
深圳	8.2
杭州	5.0
广州	4.4
成都	4.4
南京	3.6
苏州	3.3
武汉	3.1
西安	2.7

资料来源：麦可思－中国 2017 届大学毕业生五年后职业发展跟踪评价，2017 届大学毕业生培养质量跟踪评价。

三 职业发展

(一) 用人单位分布

从升学人群五年后就业的用人单位类型来看，留学归国人员求稳心态更加明显，在机关或事业单位、国企的比例均上升。具体来看，境内读研人群和留学人群选择在民营企业/个体就业的比例均较高，分别为30%、38%；除此之外，境内读研人群选择在政府机构/科研或其他事业单位就业的比例（39%）远超留学人群（20%），而留学人群选择在中外合资/外资/独资企业就业的比例（19%）远超境内读研人群（5%）（见图7-13）。值得关注的是，留学人群也更加青睐体制内工作，在政府机构/科研或其他事业单位、国有企业就业的比例相比上一届（分别为15%、20%）均有不同程度提升。

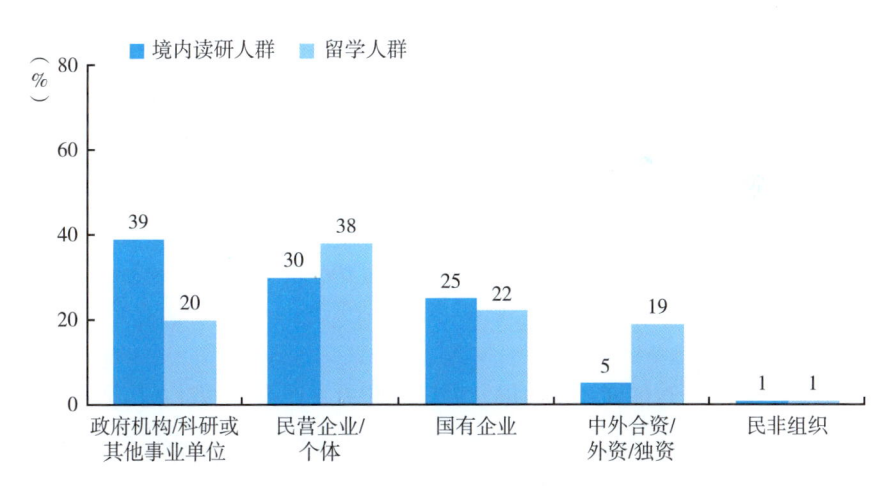

用人单位类型	境内读研人群	留学人群
政府机构/科研或其他事业单位	39	20
民营企业/个体	30	38
国有企业	25	22
中外合资/外资/独资	5	19
民非组织	1	1

图7-13 2017届本科生毕业半年后境内读研与留学人群五年后就业的用人单位类型对比

数据来源：麦可思-中国2017届大学毕业生五年后职业发展跟踪评价，2017届大学毕业生培养质量跟踪评价。

（二）就业质量

除在毕业后直接升学外，也有一部分毕业生在工作一段时间后选择继续求学深造。从2017届本科生毕业五年后的学历提升情况来看，更多人在毕业五年后获得了学历提升。2017届本科毕业生在毕业半年后有16.4%的人选择直接升学，而到毕业五年后，有过学历提升的比例达到23.0%，与刚毕业时相比上升了6.6个百分点。其中，"双一流"院校、地方本科院校毕业生毕业五年后学历提升人群的比例分别达到40.3%、19.5%（见图7-14）。

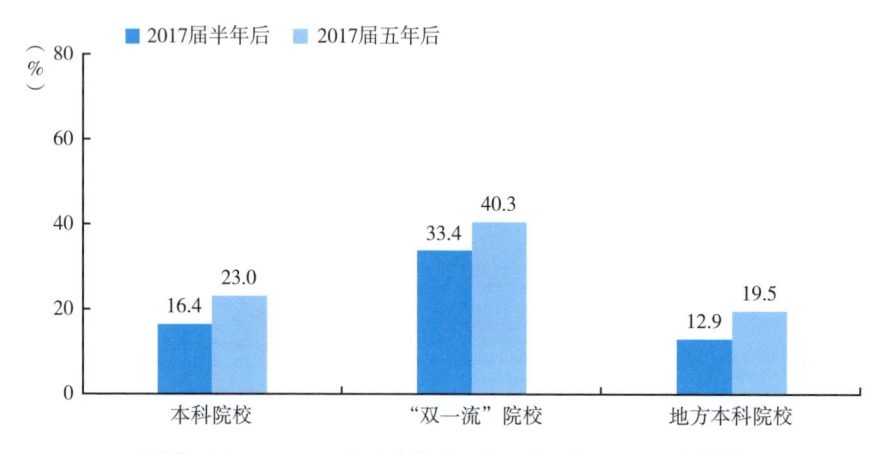

图7-14　2017届本科生毕业五年后学历提升人群的比例

数据来源：麦可思－中国2017届大学毕业生五年后职业发展跟踪评价，2017届大学毕业生培养质量跟踪评价。

随着毕业时间的推移，学历提升可以带来更多回报。通过对比2017届本科毕业五年后学历提升与未提升人群的月收入发现，有过学历提升人群的月收入（11367元）比学历未提升人群（10509元）高858元。其中，在"双一流"院校中学历提升带来的影响更大，学历提升人群的月收入（14211元）比未提升人群（13246元）高965元；地方本科院校中学历提升人群的月收入（10798元）比未提升人群（9961元）高837元（见图7-15）。

从本科毕业五年后学历提升与未提升人群的就业满意度来看，学历

本科毕业生读研和留学分析

提升人群的就业满意度（84%）明显高于学历未提升人群（76%）。其中，"双一流"院校、地方本科院校学历提升人群五年后的就业满意度比学历未提升人群分别高出9个、7个百分点（见图7-16）。学历提升带来的从业幸福感更强。

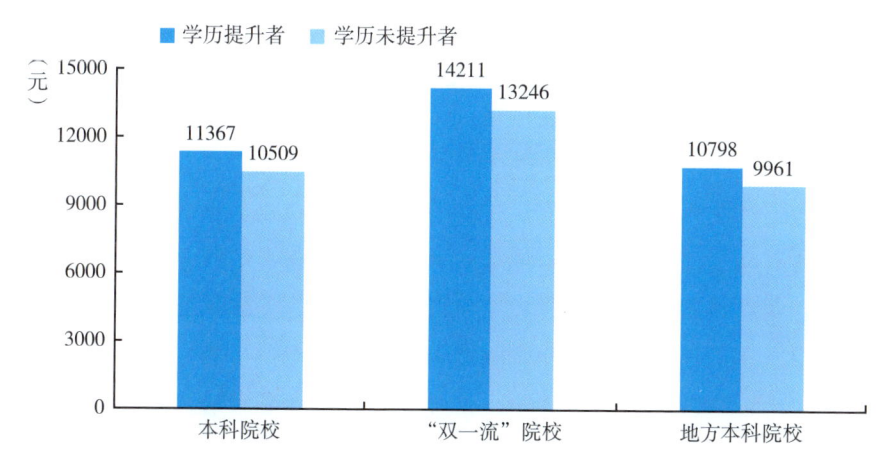

图 7-15　2017 届本科毕业五年后学历提升人群和学历未提升人群的月收入对比

数据来源：麦可思－中国 2017 届大学毕业生五年后职业发展跟踪评价。

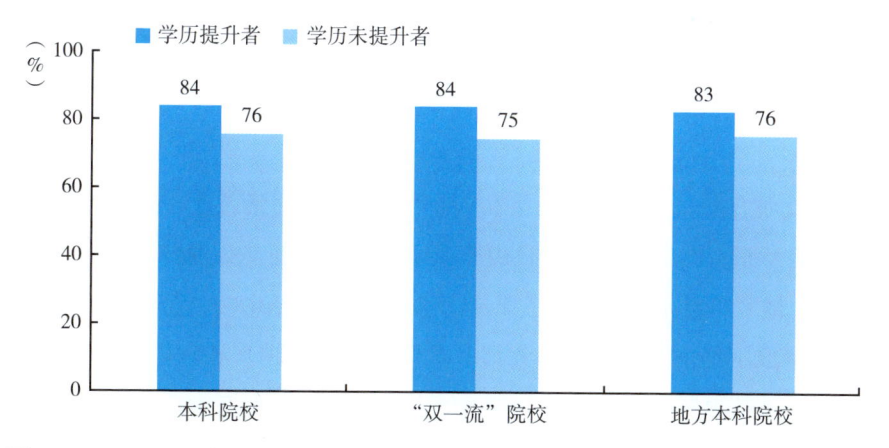

图 7-16　2017 届本科毕业五年后学历提升人群和学历未提升人群的就业满意度对比

数据来源：麦可思－中国 2017 届大学毕业生五年后职业发展跟踪评价。

B.8
本科毕业生灵活就业分析

摘　要： 灵活就业在缓解就业总量压力、增加毕业生就业渠道方面具有重要作用。伴随着数字经济、新业态的不断发展，新媒体运营等全新的灵活就业模式受到越来越多毕业生的青睐，为其提供了更多选择。教育培训机构在相关政策引导下进一步治理和规范，灵活就业毕业生在这一领域的占比下降。当然，面向灵活就业群体的制度保障和政策支持仍有待进一步完善，灵活就业毕业生的收入水平、就业安全感和幸福感依然有着较大的提升空间。另外，自主创业群体面临着资金、管理、市场推广等方面的诸多挑战，相应的创业指导、培训及政策保障需有针对性地加强和完善。

关键词： 灵活就业　新业态　政策保障　本科生

一　灵活就业比例

2022届有4.6%的本科毕业生在毕业半年后选择灵活就业，其中包括1.4%选择受雇半职工作，2.0%选择自由职业，1.2%选择自主创业。从不同院校类型来看，地方本科院校毕业生选择灵活就业的比例（5.0%）更高（见图8-1）。

随着数字经济、新业态的发展，灵活就业成为越来越多毕业生的选择，在就业总量压力持续高位运行的情况下，这类新就业形态为毕业生提供了更多就业渠道。

随着教育培训机构的进一步治理和规范，灵活就业毕业生在教育领域的占比相较于往年进一步下降。具体来看，受雇半职的本科毕业生中，有39.6%

本科毕业生灵活就业分析

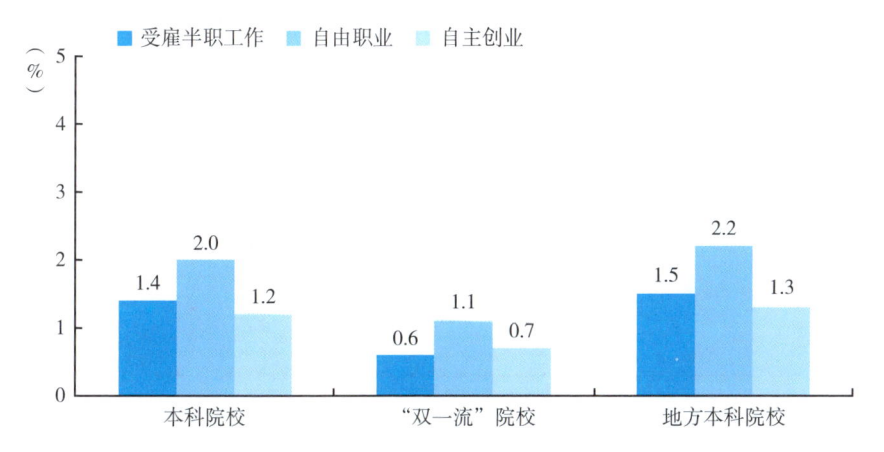

图 8-1　2022 届本科毕业生各类灵活就业的比例

数据来源：麦可思 - 中国 2022 届大学毕业生培养质量跟踪评价。

服务于教育领域，自由职业的本科毕业生中有 24.5% 在教育业，自主创业的本科毕业生中有 15.1% 在教育业（见图 8-2、图 8-3、图 8-4），比 2021 届分别下降了 5.5 个、0.3 个、5.8 个百分点。

文体娱乐产业广受青睐，特别是在自由职业群体中，2022 届在该领域的占比已反超教育领域位列第一，其中新媒体运营等依托数字技术而快速发展的新业态、新模式为毕业生提供了更多选择。

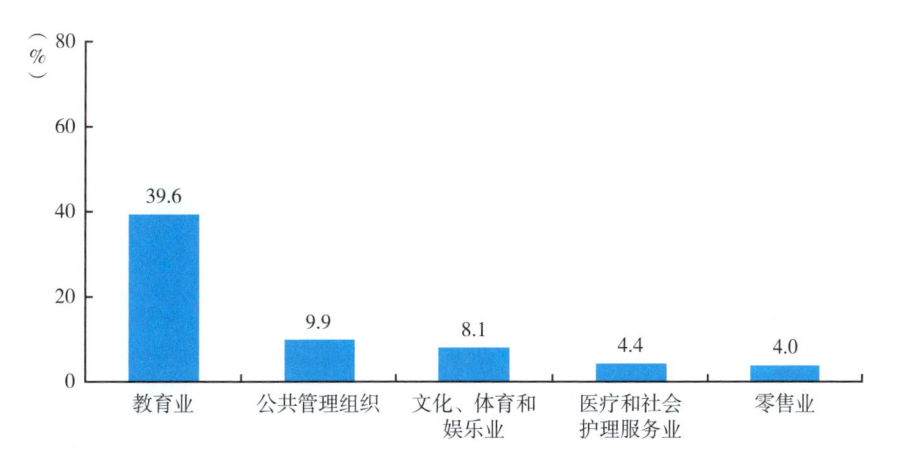

图 8-2　2022 届本科毕业生受雇半职工作最集中的前五位行业类

数据来源：麦可思 - 中国 2022 届大学毕业生培养质量跟踪评价。

135

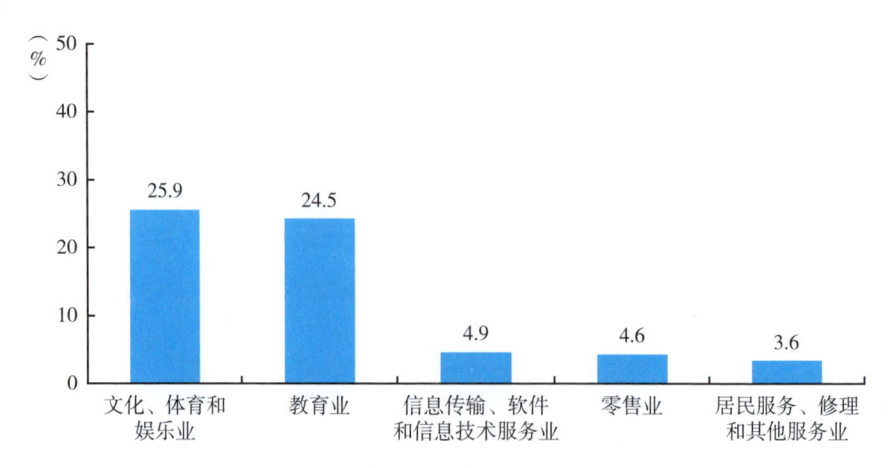

图 8-3　2022 届本科毕业生自由职业最集中的前五位行业类

数据来源：麦可思－中国 2022 届大学毕业生培养质量跟踪评价。

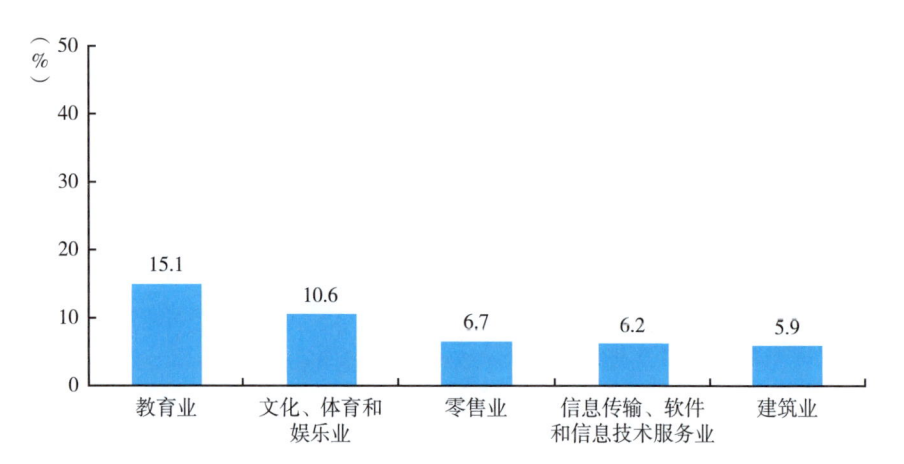

图 8-4　2022 届本科毕业生自主创业最集中的前五位行业类

数据来源：麦可思－中国 2022 届大学毕业生培养质量跟踪评价。

二　灵活就业质量

从灵活就业毕业生的就业质量来看，自主创业群体的月收入水平较高，且从业幸福感较强。2022 届选择自主创业的本科毕业生平均月收入为 6055 元，就业满意度为84%，均高于本科毕业生平均水平（月收入5990元，就业满意度77%）；自由职业、受雇半职工作群体的月收入相对较低，就业安全感和幸福感相对较弱（见图8-5、图8-6）。灵活就业虽有较高的自由度，但相应的制度保障和政策支持仍有待进一步完善，灵活就业毕业生的就业质量依然有较大的提升空间。

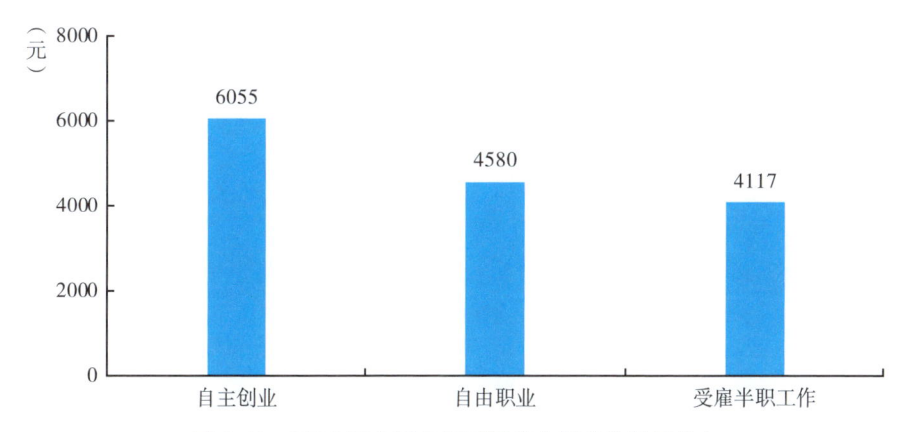

图8-5　2022届本科各类灵活就业毕业生的月收入

类别	月收入（元）
自主创业	6055
自由职业	4580
受雇半职工作	4117

数据来源：麦可思-中国2022届大学毕业生培养质量跟踪评价。

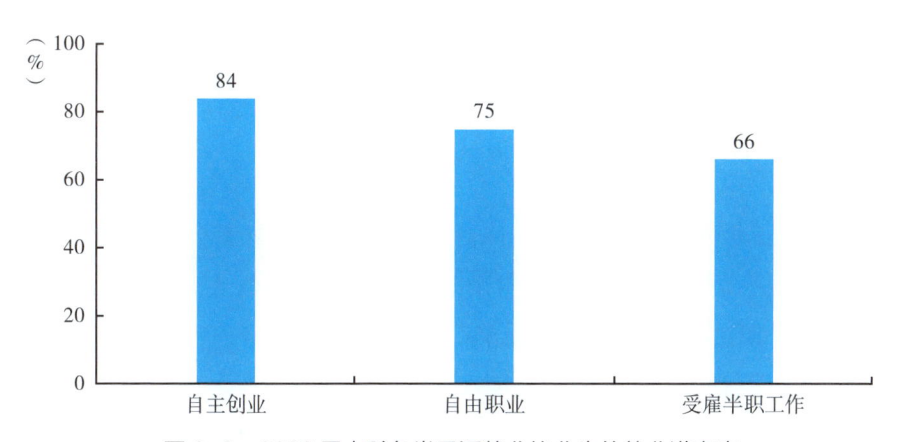

图8-6　2022届本科各类灵活就业毕业生的就业满意度

类别	就业满意度（%）
自主创业	84
自由职业	75
受雇半职工作	66

数据来源：麦可思-中国2022届大学毕业生培养质量跟踪评价。

三 自主创业人群职业发展

随着毕业时间的延长，毕业生自主创业比例持续上升。2017届本科毕业生在毕业半年后的自主创业比例为1.9%，到毕业三年后达到2.9%，毕业五年后进一步上升到了3.3%（见图8-7），但相比2016届同期（3.9%）有所下降，多重超预期因素给毕业生创业增加了难度。

图8-7 2017届本科毕业生五年后自主创业的比例
（与2017届半年后、三年后对比）

数据来源：麦可思-中国2017届大学毕业生五年后职业发展跟踪评价，2017届大学毕业生三年后职业发展跟踪评价，2017届大学毕业生培养质量跟踪评价。

自主创业群体的生存挑战持续增加。2019届毕业半年内自主创业的毕业生中，大多数在三年内退出创业，依然坚持创业的比例不足四成（37.4%），相比2018届同期（41.5%）进一步下降（见图8-8）。除了创业资金问题外，缺乏企业管理和市场推广经验也是创业群体面临的主要困难，高校创新创业教育可有所侧重，另外面向创业群体的政策支持与保障也可有针对性地加强。

本科毕业生灵活就业分析

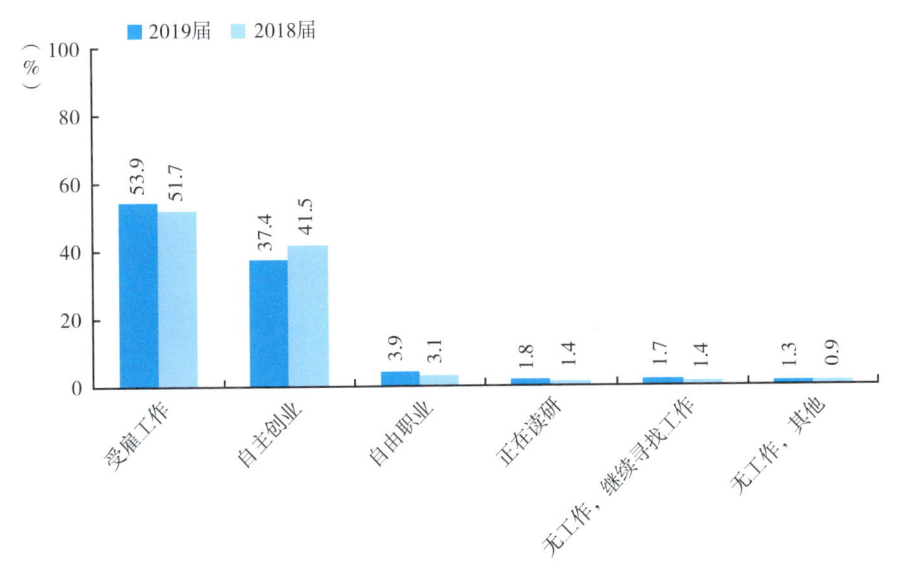

图 8-8 2019 届本科毕业半年内自主创业者三年后的去向分布
（与 2018 届对比）

数据来源：麦可思 - 中国 2018 届、2019 届大学毕业生三年后职业发展跟踪评价，2018 届、2019 届大学毕业生培养质量跟踪评价。

B.9
本科毕业生能力分析

摘　要： 毕业生能力达成是实现高质量就业与职场可持续发展的重要前提。本科毕业生能力达成效果持续增强，其中在理解与交流能力方面整体达成效果较好；与此同时，面对数字经济发展和产业数字化转型背景下技术迭代和工作岗位更替速度的不断加快，毕业生创造、解决复杂问题、主动学习等方面的能力以及信息素养、数字技能亟待进一步提升。素养提升方面，毕业生在校期间积极进取意识、乐观态度、遵纪守法观念均获得了较为明显的提升。

关键词： 能力达成　素养提升　职业发展　本科生

一　本科生基本工作能力评价

（一）背景介绍

工作能力：从事某项职业工作必须具备的能力，分为职业能力和基本工作能力。职业能力是从事某一职业特别需要的能力，基本工作能力是所有从事工作都必须具备的能力，麦可思参考美国SCANS标准，把基本工作能力分为35项。根据麦可思的工作能力分类，中国大学生可以从事的职业共600多个，对应的能力近万条。

五大类基本工作能力：麦可思参考美国SCANS标准，将35项基本工作能力划归为五大类型，分别是理解与交流能力、科学思维能力、管理能力、应用分析能力和动手能力（见表9-1）。

本科毕业生能力分析

表 9-1 基本工作能力定义及序号

序号	五大类能力	名称	描述
1	理解与交流能力	理解性阅读	理解工作文件的句子和段落
2	理解与交流能力	积极聆听	理解对方讲话的要点，适当地提出问题
3	理解与交流能力	有效的口头沟通	交谈中有效地传递信息
4	理解与交流能力	积极学习	理解信息中的启示，用于解决问题，帮助作出决定
5	理解与交流能力	学习方法	在训练和指导工作时选择方法与程序
6	理解与交流能力	理解他人	关注并理解他人的反应
7	理解与交流能力	服务他人	积极地寻找方法来帮助他人
8	科学思维能力	针对性写作	根据读者需求有效地传递信息
9	科学思维能力	数学解法	用数学方法来解决问题
10	科学思维能力	科学分析	用科学的原理和方法来解决问题
11	科学思维能力	逻辑思维	运用逻辑推理来判定解决问题的建议、结论和方法的优缺点
12	管理能力	绩效监督	监督和评估自己、他人或组织的绩效以采取改进行动
13	管理能力	协调安排	根据他人的需要调整工作安排
14	管理能力	说服他人	说服他人改变想法或者行为
15	管理能力	谈判技能	与他人沟通并且达成一致
16	管理能力	指导他人	指导他人怎样去做一件事
17	管理能力	解决复杂的问题	识别复杂问题并查阅信息以发现和评估解决方案
18	管理能力	判断和决策	考虑各方案的成本和收益，决定最合适的方案
19	管理能力	时间管理	管理自己和他人的时间
20	管理能力	财务管理	决定怎样花钱以完成工作，并为这些开支记账核算
21	管理能力	物资管理	如何按照工作的特定需要获得设备、厂房和材料，以及监督其合理使用
22	管理能力	人力资源管理	在工作中激发、指导人们的工作，寻找适合各项工作的人
23	应用分析能力	设计思维	分析需求和生产的可能性以开发出新产品
24	应用分析能力	技术设计	按要求设计和修改设备与技术

141

续表

序号	五大类能力	名称	描述
25	应用分析能力	设备选择	决定使用哪一种工具和设备来做一项工作
26	应用分析能力	质量控制分析	对产品、服务或工作程序进行测试和检查以评价其质量和绩效
27	应用分析能力	操作监控	监视仪表、控制器和其他指示器以保证机器正常运行
28	应用分析能力	操作和控制	控制设备和系统的运行
29	应用分析能力	设备维护	对设备进行日常维护并决定什么时候进行何种维护
30	应用分析能力	疑难排解	判断出操作错误的产生原因并决定纠错对策
31	应用分析能力	系统分析	判定变化对一个系统运行结果的影响
32	应用分析能力	系统评估	识别系统绩效的评估方法或指标，根据系统目标制订行动计划来改进系统表现
33	动手能力	安装能力	按照特定要求来安装设备、机器、管线或程序
34	动手能力	电脑编程	为各种目的编写电脑程序
35	动手能力	维修机器和系统	使用必要的工具来修理机器和系统

基本工作能力的重要度：用于定义正在工作的大学毕业生所理解的35项基本工作能力在其岗位工作中的重要程度，分为"无法评估""不重要""有些重要""重要""非常重要""极其重要"六个层次，在数据处理时把重要性处理为百分比，0代表"不重要"，25%代表"有些重要"，50%代表"重要"，75%代表"非常重要"，100%代表"极其重要"。

工作岗位要求的基本工作能力水平：用于定义正在工作的大学毕业生所理解的工作对35项基本工作能力的要求级别，从低到高分为一级到七级。一级代表该能力的最低水平，取值1/7；七级代表该能力的最高水平，取值1。为了帮助答题人自评级别，问卷在一级到七级中分别举了三个例子，以帮助答题人理解能力差别。

本科毕业生能力分析

毕业时掌握的基本工作能力水平：用于定义正在工作的大学毕业生所理解的在刚毕业时对35项基本工作能力实际掌握的级别，从低到高分为一级到七级。一级代表该能力的最低水平，取值1/7；七级代表该能力的最高水平，取值1。为了帮助答题人自评级别，问卷在一级到七级中分别举了三个例子，以帮助答题人理解能力差别。

基本工作能力的满足度：毕业时掌握的基本工作能力水平满足社会初始岗位的工作要求水平的程度，100%为完全满足。满足度计算公式的分子是毕业时掌握的基本工作能力水平，分母是工作要求的水平。

（二）基本工作能力重要度和满足度

本科毕业生毕业时掌握的基本工作能力水平稳步提升。从近五年的数据来看，全国本科毕业生毕业时掌握的基本工作能力水平从2018届的57%上升至2022届的60%。从不同院校类型来看，"双一流"院校、地方本科院校近五年分别上升了2个、3个百分点，2022届均达到60%（见图9-1、图9-2）。

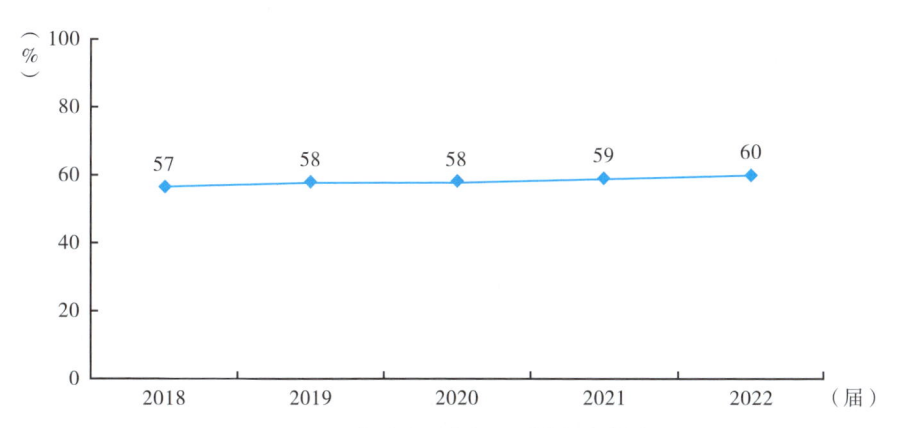

图9-1 2018~2022届本科毕业生毕业时掌握的基本工作能力水平

数据来源：麦可思-中国2018~2022届大学毕业生培养质量跟踪评价。

143

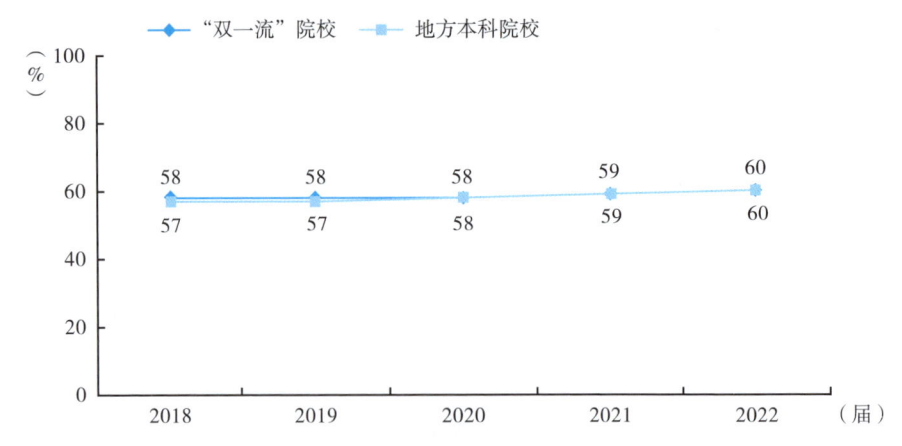

图 9-2　2018~2022 届各类本科院校毕业生毕业时掌握的基本
工作能力水平

数据来源：麦可思 - 中国 2018~2022 届大学毕业生培养质量跟踪评价。

本科毕业生能力达成效果持续提升。从近五年的数据来看，全国本科毕业生的基本工作能力满足度从 2018 届的 84% 上升至 2022 届的 88%。从不同院校类型来看，"双一流"院校和地方本科院校毕业生的基本工作能力满足度均呈现上升趋势，2022 届分别达到 87%、88%（见图 9-3、图 9-4）。

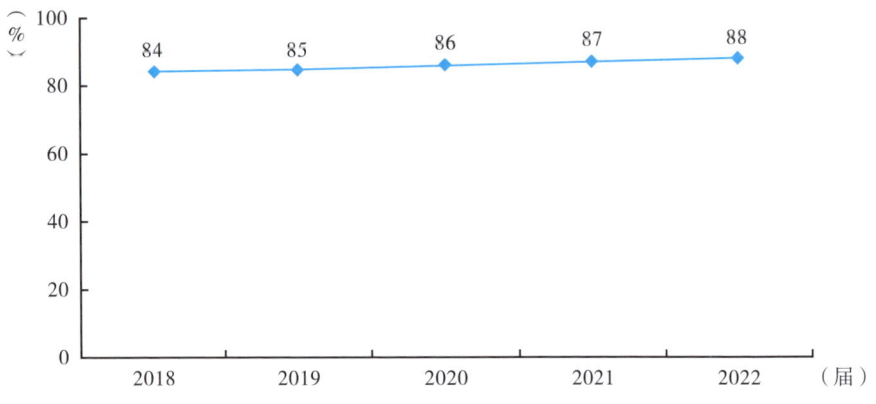

图 9-3　2018~2022 届本科毕业生的基本工作能力满足度

数据来源：麦可思 - 中国 2018~2022 届大学毕业生培养质量跟踪评价。

图 9-4　2018~2022届各类本科院校毕业生的基本
工作能力满足度

数据来源：麦可思－中国2018~2022届大学毕业生培养质量跟踪评价。

本科毕业生在理解与交流能力方面整体达成效果较好，应用分析能力及动手能力亟待提升。从毕业生各类基本工作能力的重要度和满足度评价来看，2022届本科毕业生认为管理能力中的谈判技能、解决复杂的问题、说服他人等能力，应用分析能力中的设计思维、疑难排解、系统评估等能力，动手能力中的电脑编程能力的重要度相对较高。其中，设计思维、疑难排解、电脑编程能力的满足度均相对偏低（见图9-5）。

随着数字经济的发展和产业数字化转型的深入，技术迭代和工作岗位更替的速度不断加快，这对从业人员能力素质提出了新的、更高的要求。高校人才培养环节需要及时调整和完善，进一步强化学生创造力、人际沟通与团队合作、解决复杂问题、主动学习等方面的能力，并注重学生信息素养和数字技能的培养和提升，以此更好地适应产业转型升级的需求变化。

信息搜索与处理、终身学习能力在工作当中的需求程度较高，其中终身学习能力实际满足工作需求的比例仍相对较低。从毕业生毕业五年后各项通

就业蓝皮书·本科

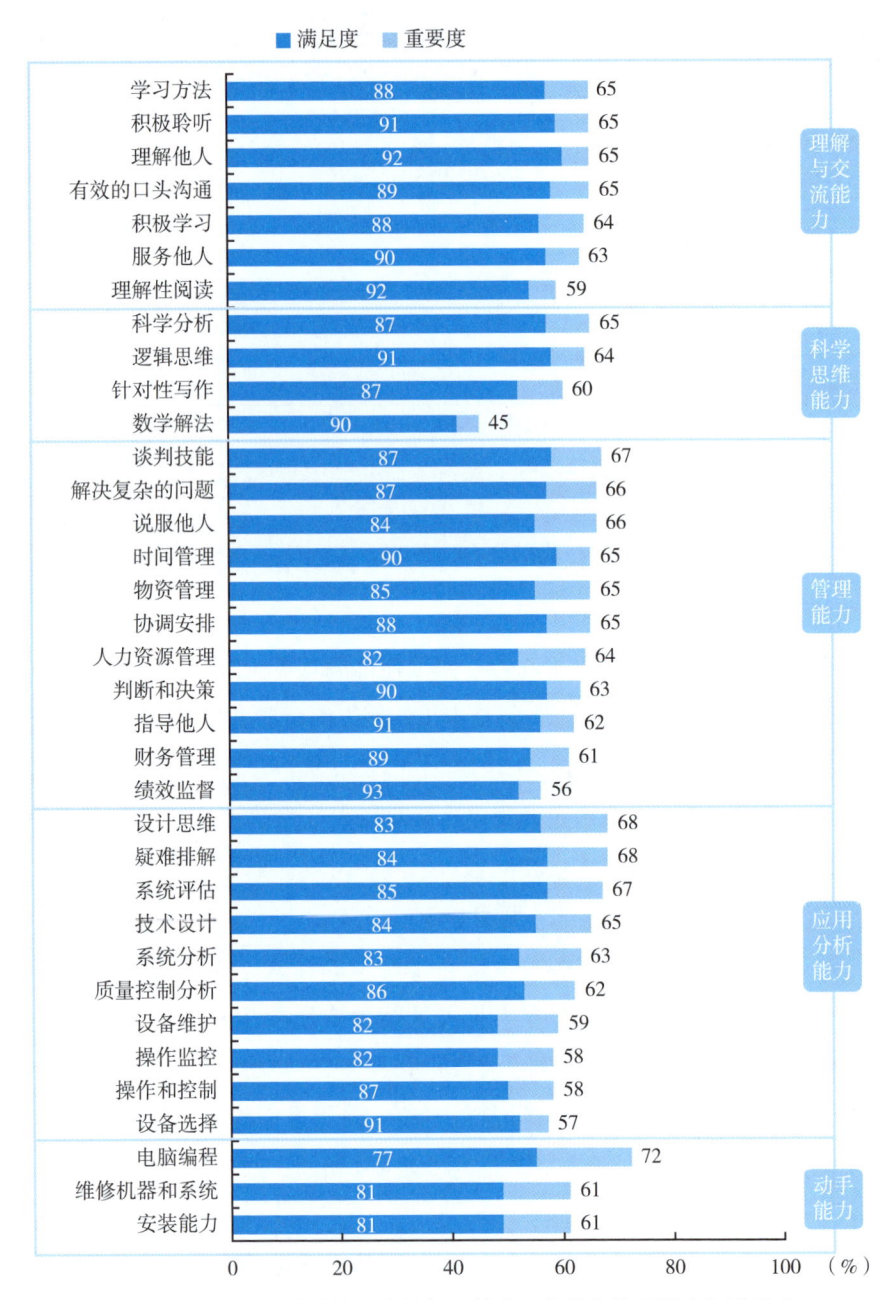

图 9-5　2022届本科毕业生的各项基本工作能力的重要度和满足度

能力类别	能力项	满足度	重要度
理解与交流能力	学习方法	88	65
理解与交流能力	积极聆听	91	65
理解与交流能力	理解他人	92	65
理解与交流能力	有效的口头沟通	89	65
理解与交流能力	积极学习	88	64
理解与交流能力	服务他人	90	63
理解与交流能力	理解性阅读	92	59
科学思维能力	科学分析	87	65
科学思维能力	逻辑思维	91	64
科学思维能力	针对性写作	87	60
科学思维能力	数学解法	90	45
管理能力	谈判技能	87	67
管理能力	解决复杂的问题	87	66
管理能力	说服他人	84	66
管理能力	时间管理	90	65
管理能力	物资管理	85	65
管理能力	协调安排	88	65
管理能力	人力资源管理	82	64
管理能力	判断和决策	90	63
管理能力	指导他人	91	62
管理能力	财务管理	89	61
管理能力	绩效监督	93	56
应用分析能力	设计思维	83	68
应用分析能力	疑难排解	84	68
应用分析能力	系统评估	85	67
应用分析能力	技术设计	84	65
应用分析能力	系统分析	83	63
应用分析能力	质量控制分析	86	62
应用分析能力	设备维护	82	59
应用分析能力	操作监控	82	58
应用分析能力	操作和控制	87	58
应用分析能力	设备选择	91	57
动手能力	电脑编程	77	72
动手能力	维修机器和系统	81	61
动手能力	安装能力	81	61

数据来源：麦可思－中国2022届大学毕业生培养质量跟踪评价。

本科毕业生能力分析

用能力的需求度和满足度评价来看，2017届本科毕业生认为信息搜索与处理、终身学习能力在工作中的需求度（分别为70%、69%）较高，但终身学习的满足度（90%）低于其他工作能力（见图9-6）。随着工作时间的延长，职场对毕业生通用技能的要求会进一步提高，同时随着技术迭代以及毕业生的职业发展和岗位变迁，保持不断学习的状态必不可少。高校在注重专业能力培养的同时，更需关注持续学习等可迁移能力的培养。

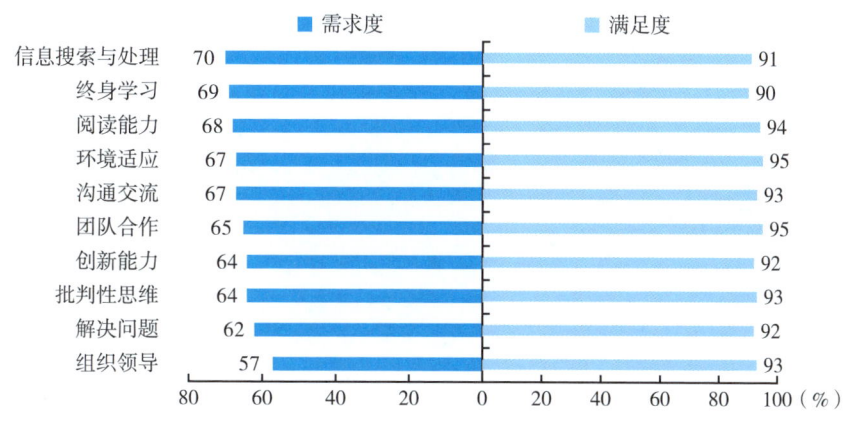

能力	需求度(%)	满足度(%)
信息搜索与处理	70	91
终身学习	69	90
阅读能力	68	94
环境适应	67	95
沟通交流	67	93
团队合作	65	95
创新能力	64	92
批判性思维	64	93
解决问题	62	92
组织领导	57	93

图9-6 2017届本科毕业生毕业五年后各项通用能力的需求度和满足度

数据来源：麦可思－中国2017届大学毕业生五年后职业发展跟踪评价。

（三）主要职业、专业最重要的前3项基本工作能力的满足度

不同职业类、专业类最重要的基本工作能力及其达成效果有所差异（见表9-2、表9-3）。相关院校和专业可基于自身主要服务面向领域的实际需求，进一步完善能力本位的课程体系，从而更好地促进毕业生能力达成，不断强化人才培养效果。例如，电子信息类、计算机类专业毕业生，主要从事互联网开发及应用、计算机与数据处理类职业，毕业生认为电脑编程、疑难排解能力较为重要，但其满足度均相对较低，需重点关注。

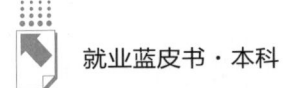

表 9-2　主要职业类最重要的前 3 项基本工作能力的满足度

单位：%

职业类名称	最重要的 3 项基本工作能力	能力满足度
保险	说服他人	87
	服务他人	92
	有效的口头沟通	92
表演艺术 / 影视	时间管理	88
	有效的口头沟通	95
	积极学习	92
财务 / 审计 / 税务 / 统计	积极聆听	88
	时间管理	89
	有效的口头沟通	89
餐饮 / 娱乐	协调安排	94
	理解他人	96
	有效的口头沟通	96
测绘	有效的口头沟通	94
	疑难排解	93
	科学分析	94
电力 / 能源	有效的口头沟通	91
	积极学习	87
	设备维护	83
电气 / 电子（不包括计算机）	疑难排解	83
	技术设计	82
	有效的口头沟通	88
房地产经营	谈判技能	89
	积极学习	89
	有效的口头沟通	89
工业安全与质量	有效的口头沟通	85
	疑难排解	86
	学习方法	85
公安 / 检察 / 法院 / 经济执法	解决复杂的问题	83
	说服他人	86
	逻辑思维	89

本科毕业生能力分析

续表

职业类名称	最重要的3项基本工作能力	能力满足度
互联网开发及应用	电脑编程	77
	疑难排解	83
	学习方法	85
环境保护	有效的口头沟通	87
	解决复杂的问题	88
	学习方法	87
机动车机械/电子	有效的口头沟通	87
	疑难排解	84
	积极学习	86
机械/仪器仪表	有效的口头沟通	86
	疑难排解	83
	科学分析	86
计算机与数据处理	电脑编程	77
	疑难排解	82
	有效的口头沟通	87
建筑工程	有效的口头沟通	87
	疑难排解	87
	学习方法	88
交通运输/邮电	有效的口头沟通	90
	协调安排	86
	疑难排解	85
金融（银行/基金/证券/期货/理财）	服务他人	88
	积极学习	89
	有效的口头沟通	88
经营管理	时间管理	82
	理解他人	90
	积极学习	87
酒店/旅游/会展	积极学习	88
	有效的口头沟通	90
	协调安排	87

续表

职业类名称	最重要的3项基本工作能力	能力满足度
矿山/石油	解决复杂的问题	86
	科学分析	87
	有效的口头沟通	91
律师/律政调查员	积极聆听	81
	针对性写作	78
	积极学习	81
媒体/出版	有效的口头沟通	91
	积极学习	90
	针对性写作	88
美术/设计/创意	设计思维	88
	有效的口头沟通	91
	技术设计	89
农/林/牧/渔类	有效的口头沟通	88
	积极学习	91
	科学分析	91
人力资源	时间管理	88
	有效的口头沟通	87
	人力资源管理	81
社区工作者	有效的口头沟通	86
	积极聆听	89
	理解他人	89
生产/运营	有效的口头沟通	87
	协调安排	84
	疑难排解	85
生物/化工	学习方法	88
	科学分析	88
	疑难排解	84
文化/体育	积极学习	90
	服务他人	90
	理解他人	93

续表

职业类名称	最重要的3项基本工作能力	能力满足度
物流/采购	谈判技能	85
	协调安排	87
	有效的口头沟通	87
销售	谈判技能	84
	积极学习	86
	有效的口头沟通	87
行政/后勤	积极聆听	90
	协调安排	89
	理解他人	92
研究人员	疑难排解	83
	逻辑思维	92
	科学分析	85
医疗保健/紧急救助	疑难排解	88
	积极学习	89
	有效的口头沟通	88
幼儿与学前教育	学习方法	88
	理解他人	92
	服务他人	90
职业培训/其他教育	学习方法	89
	有效的口头沟通	89
	指导他人	92
中等职业教育	学习方法	89
	指导他人	90
	理解他人	92
中小学教育	学习方法	89
	理解他人	92
	指导他人	91

注：个别职业类因为样本较少，没有包括在内。
资料来源：麦可思－中国2022届大学毕业生培养质量跟踪评价。

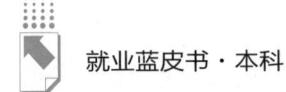

表 9-3　主要专业类最重要的前 3 项基本工作能力的满足度

单位：%

专业类名称	最重要的 3 项基本工作能力	能力满足度
经济学类	服务他人	88
	有效的口头沟通	89
	积极聆听	91
财政学类	有效的口头沟通	86
	理解他人	93
	积极学习	87
金融学类	服务他人	88
	学习方法	89
	有效的口头沟通	89
经济与贸易类	谈判技能	86
	协调安排	89
	有效的口头沟通	88
法学类	谈判技能	81
	积极聆听	84
	针对性写作	83
社会学类	积极聆听	91
	有效的口头沟通	89
	理解他人	91
马克思主义理论类	学习方法	90
	指导他人	92
	理解他人	92
教育学类	学习方法	88
	理解他人	91
	指导他人	92
体育学类	学习方法	93
	理解他人	94
	指导他人	94
中国语言文学类	学习方法	88
	理解他人	91
	指导他人	89

续表

专业类名称	最重要的3项基本工作能力	能力满足度
外国语言文学类	谈判技能	82
	积极聆听	92
	学习方法	88
新闻传播学类	协调安排	86
	理解他人	90
	有效的口头沟通	88
历史学类	学习方法	89
	指导他人	89
	理解他人	90
数学类	疑难排解	84
	科学分析	88
	积极学习	90
物理学类	科学分析	90
	疑难排解	83
	学习方法	87
化学类	学习方法	85
	疑难排解	83
	科学分析	84
地理科学类	指导他人	91
	理解他人	93
	学习方法	89
生物科学类	疑难排解	84
	理解他人	91
	学习方法	88
心理学类	理解他人	91
	积极学习	85
	有效的口头沟通	86
统计学类	科学分析	85
	学习方法	84
	有效的口头沟通	83

续表

专业类名称	最重要的3项基本工作能力	能力满足度
机械类	有效的口头沟通	88
	疑难排解	84
	科学分析	87
仪器类	疑难排解	83
	积极学习	88
	科学分析	89
材料类	有效的口头沟通	87
	疑难排解	83
	学习方法	87
能源动力类	有效的口头沟通	87
	积极学习	85
	疑难排解	82
电气类	有效的口头沟通	88
	学习方法	87
	疑难排解	84
电子信息类	电脑编程	72
	疑难排解	81
	科学分析	83
自动化类	有效的口头沟通	86
	疑难排解	83
	技术设计	84
计算机类	电脑编程	78
	疑难排解	83
	学习方法	85
土木类	有效的口头沟通	88
	协调安排	87
	疑难排解	88
测绘类	解决复杂的问题	83
	有效的口头沟通	89
	积极学习	87

本科毕业生能力分析

续表

专业类名称	最重要的 3 项基本工作能力	能力满足度
化工与制药类	有效的口头沟通	88
	疑难排解	83
	学习方法	87
矿业类	有效的口头沟通	93
	疑难排解	83
	积极学习	88
轻工类	理解他人	88
	有效的口头沟通	88
	疑难排解	88
交通运输类	疑难排解	82
	有效的口头沟通	88
	积极学习	84
环境科学与工程类	有效的口头沟通	84
	科学分析	87
	积极学习	86
食品科学与工程类	有效的口头沟通	87
	积极学习	90
	疑难排解	89
建筑类	有效的口头沟通	84
	学习方法	87
	协调安排	86
安全科学与工程类	有效的口头沟通	86
	疑难排解	87
	积极学习	86
生物工程类	疑难排解	84
	科学分析	85
	质量控制分析	86
植物生产类	有效的口头沟通	88
	积极学习	86
	理解他人	91

155

续表

专业类名称	最重要的 3 项基本工作能力	能力满足度
林学类	有效的口头沟通	89
林学类	积极学习	89
林学类	理解他人	93
临床医学类	科学分析	76
临床医学类	有效的口头沟通	82
临床医学类	积极聆听	82
药学类	有效的口头沟通	86
药学类	学习方法	87
药学类	疑难排解	84
医学技术类	有效的口头沟通	91
医学技术类	理解性阅读	90
医学技术类	疑难排解	89
护理学类	疑难排解	89
护理学类	积极学习	91
护理学类	服务他人	89
管理科学与工程类	电脑编程	82
管理科学与工程类	有效的口头沟通	87
管理科学与工程类	时间管理	89
工商管理类	时间管理	89
工商管理类	谈判技能	87
工商管理类	说服他人	84
公共管理类	时间管理	89
公共管理类	积极聆听	92
公共管理类	协调安排	88
物流管理与工程类	说服他人	80
物流管理与工程类	谈判技能	84
物流管理与工程类	时间管理	86
电子商务类	时间管理	91
电子商务类	积极学习	90
电子商务类	有效的口头沟通	90

本科毕业生能力分析

续表

专业类名称	最重要的 3 项基本工作能力	能力满足度
旅游管理类	积极聆听	92
	理解他人	92
	有效的口头沟通	91
音乐与舞蹈学类	学习方法	92
	理解他人	93
	有效的口头沟通	91
戏剧与影视学类	服务他人	89
	有效的口头沟通	92
	积极聆听	93
美术学类	学习方法	91
	理解他人	93
	指导他人	91
设计学类	技术设计	88
	有效的口头沟通	90
	理解他人	93

注：个别专业类因为样本较少，没有包括在内。
资料来源：麦可思－中国 2022 届大学毕业生培养质量跟踪评价。

二　在校素养提升

素养提升：由毕业生选择大学帮助自己在哪些方面素养得到明显提升。一个毕业生可选择多项，也可选择"没有任何帮助"。工程类、艺术类、医学类、商科类专业在素养培养上有各自的特点，故这里的素养选项有所不同，具体描述见表 9-4。

表 9-4 不同类型专业素养提升选项

专业类型	素养提升选项	专业类型	素养提升选项
工程类	诚实守信	医学类	包容精神
	工程安全		诚实守信
	关注社会		关注社会
	环境意识		积极努力、追求上进
	积极努力、追求上进		健康卫生
	开拓创新		科学态度
	乐于助人		乐于助人
	人生的乐观态度		人生的乐观态度
	团队合作		职业道德
	遵纪守法		遵纪守法
艺术类	包容精神	商科类	包容精神
	诚实守信		诚实守信
	创新精神		环境意识
	关注社会		积极努力、追求上进
	环境意识		乐于助人
	积极努力、追求上进		人生的乐观态度
	乐于助人		商业道德
	人生的乐观态度		社会责任
	艺术修养		团队合作
	遵纪守法		遵纪守法
其他类	包容精神		
	诚实守信		
	关注社会		
	环境意识		
	积极努力、追求上进		
	乐于助人		
	勤俭朴素		
	人生的乐观态度		
	人文美学		
	遵纪守法		

本科毕业生能力分析

立德树人是高校人才培养的根本任务，对学生在校期间的素养提升情况需持续关注。整体来看，大学帮助毕业生在"积极努力、追求上进""人生的乐观态度""遵纪守法"等方面均获得了明显提升。毕业生在校期间所培养和提升的乐观向上、积极进取等素养有助于其在毕业季完成自我角色转换，做好就业心理准备。此外，不同专业在素养培养上表现特点有所差异，具体如下。

对于工程类专业来说，成果导向的工程教育要求工程人才不仅应懂得运用所学知识解决实际工程问题，还应具备相应的职业素养，包括团队协作、对社会和环境的责任、法律意识等。从数据来看，2022届本科工程类专业有97%的毕业生认为大学帮助自己获得了素养上的提升。其中，"团队合作""遵纪守法""关注社会""环境意识""工程安全"素养提升的比例分别为70%、70%、56%、49%、47%（见图9-7）。当前"工程安全"和"环境意识"方面提升效果仍相对较弱，相关专业可关注所开设课程对相应素养提升的支撑情况。

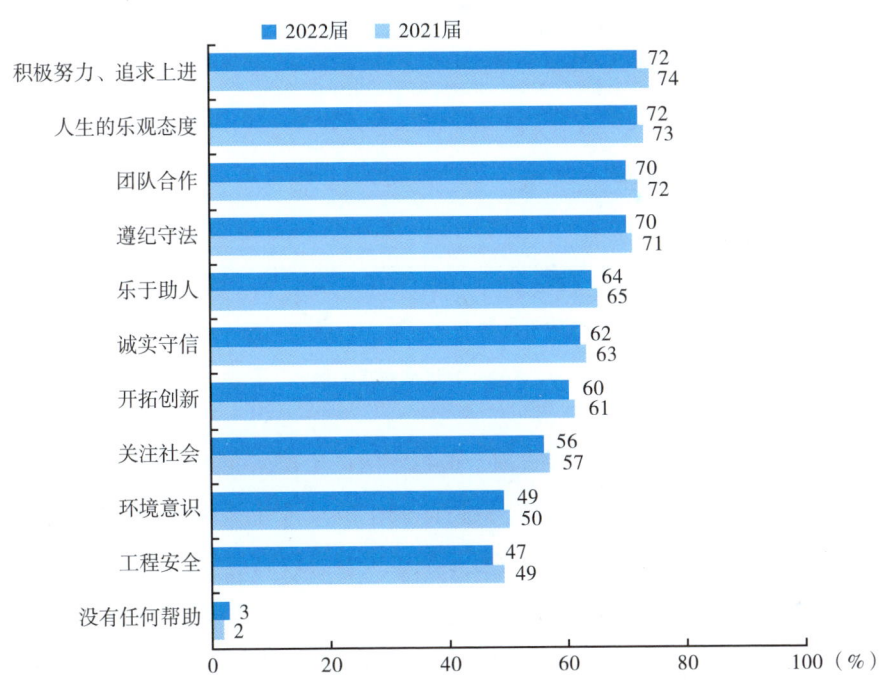

素养	2022届	2021届
积极努力、追求上进	72	74
人生的乐观态度	72	73
团队合作	70	72
遵纪守法	70	71
乐于助人	64	65
诚实守信	62	63
开拓创新	60	61
关注社会	56	57
环境意识	49	50
工程安全	47	49
没有任何帮助	3	2

图9-7 2022届本科工程类专业毕业生大学期间的素养提升（多选）

数据来源：麦可思-中国2022届大学毕业生培养质量跟踪评价。

艺术类专业本科生在校期间艺术修养提升最为明显。从数据来看，2022届本科艺术类专业有96%的毕业生认为大学帮助自己获得了素养上的提升。其中，认为在校期间素养提升较高的方面为"艺术修养"（75%）、"积极努力、追求上进"（72%）、"人生的乐观态度"（70%）（见图9-8）。

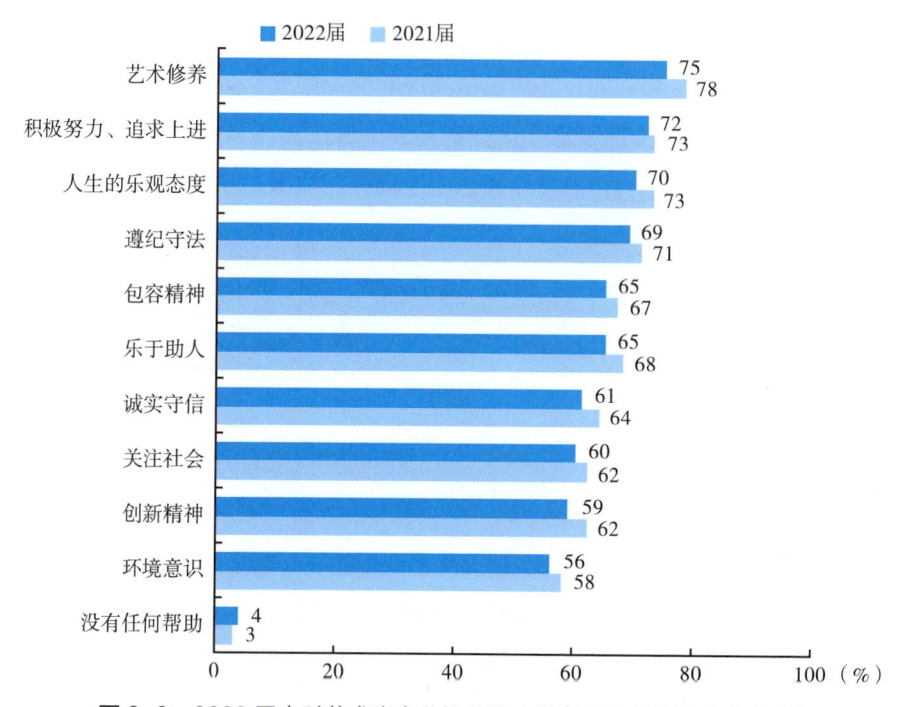

素养	2022届	2021届
艺术修养	75	78
积极努力、追求上进	72	73
人生的乐观态度	70	73
遵纪守法	69	71
包容精神	65	67
乐于助人	65	68
诚实守信	61	64
关注社会	60	62
创新精神	59	62
环境意识	56	58
没有任何帮助	4	3

图9-8 2022届本科艺术类专业毕业生大学期间的素养提升（多选）

数据来源：麦可思-中国2022届大学毕业生培养质量跟踪评价。

医学类专业在校期间积极进取、遵纪守法、乐观态度方面提升更为明显。从数据来看，2022届本科医学类专业有98%的毕业生认为大学帮助自己获得了素养上的提升。其中，认为在校期间素养提升较高的方面为"积极努力、追求上进"（75%）、"遵纪守法"（72%）、"人生的乐观态度"（71%）。另外，"科学态度"和"健康卫生"素养提升比例（均为50%）仍相对较低，相关专业可关注所开设课程以及临床实践对相应素养提升的支撑情况（见图9-9）。

本科毕业生能力分析

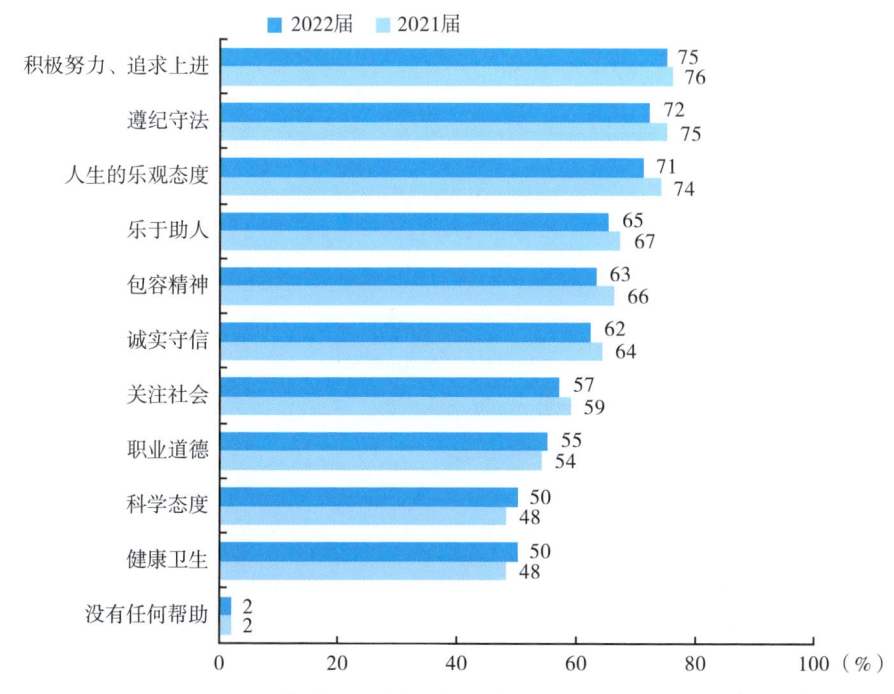

图9-9 2022届本科医学类专业毕业生大学期间的素养提升（多选）

素养	2022届	2021届
积极努力、追求上进	75	76
遵纪守法	72	75
人生的乐观态度	71	74
乐于助人	65	67
包容精神	63	66
诚实守信	62	64
关注社会	57	59
职业道德	55	54
科学态度	50	48
健康卫生	50	48
没有任何帮助	2	2

数据来源：麦可思-中国2022届大学毕业生培养质量跟踪评价。

商科类专业在校期间积极进取、乐观态度方面提升更为明显。从数据来看，2022届本科商科类专业有97%的毕业生认为大学帮助自己获得了素养上的提升。其中，认为在校期间素养提升较高的方面为"积极努力、追求上进"（72%）、"人生的乐观态度"（70%）。另外，"商业道德"素养提升比例（42%）相对较低，相关专业可进一步完善课程内容体系，强化学生的商业道德意识（见图9-10）。

其他类专业在校期间积极进取、乐观态度方面提升更为明显。从数据来看，2022届本科其他类专业有97%的毕业生认为大学帮助自己获得了素养上的提升。其中，认为在校期间大学对自己素养提升较高的方面为"积极努力、追求上进"（72%）、"人生的乐观态度"（71%）（见图9-11）。

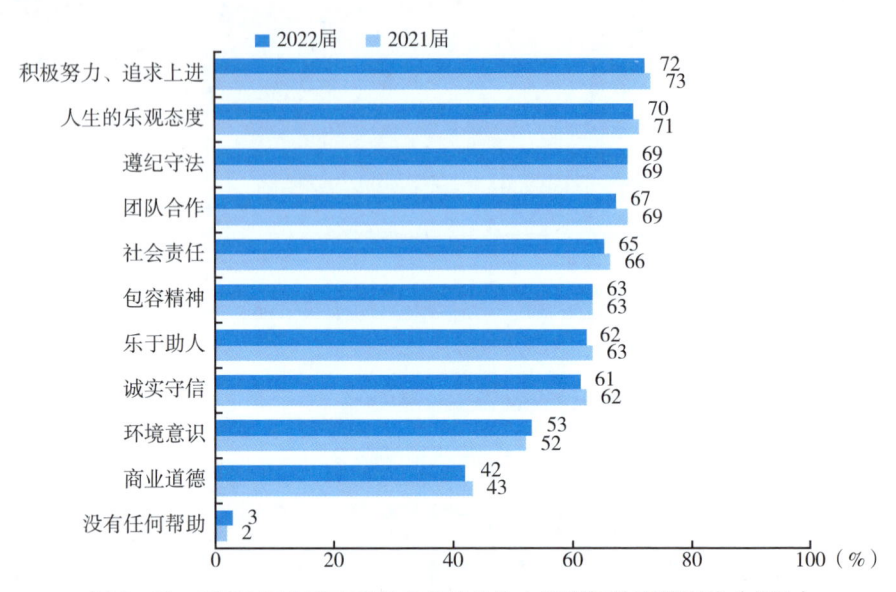

图 9-10　2022届本科商科类专业毕业生大学期间的素养提升（多选）

数据来源：麦可思-中国2022届大学毕业生培养质量跟踪评价。

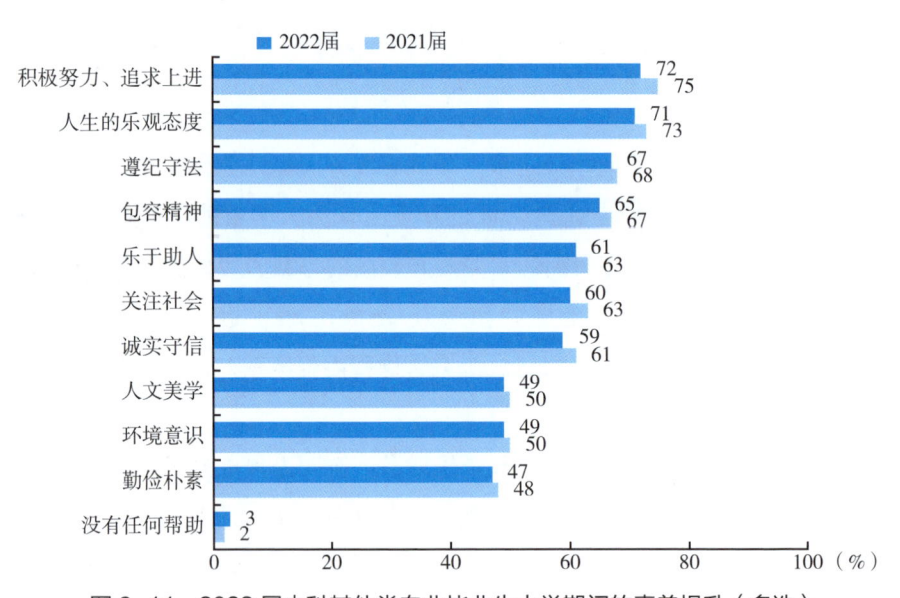

素养	2022届	2021届
积极努力、追求上进	72	73
人生的乐观态度	70	71
遵纪守法	69	69
团队合作	67	69
社会责任	65	66
包容精神	63	63
乐于助人	62	63
诚实守信	61	62
环境意识	53	52
商业道德	42	43
没有任何帮助	3	2

图 9-11　2022届本科其他类专业毕业生大学期间的素养提升（多选）

素养	2022届	2021届
积极努力、追求上进	72	75
人生的乐观态度	71	73
遵纪守法	67	68
包容精神	65	67
乐于助人	61	63
关注社会	60	63
诚实守信	59	61
人文美学	49	50
环境意识	49	50
勤俭朴素	47	48
没有任何帮助	3	2

注：此处其他类专业是指本科除工程类、艺术类、医学类、商科类之外的专业。
数据来源：麦可思-中国2022届大学毕业生培养质量跟踪评价。

B.10
本科毕业生对学校的满意度分析

摘　要： 校友评价对高校改进教学、优化学生在校体验、提升办学水平具有重要参考作用。通过分析毕业生对在校期间各方面经历与体验的评价发现，毕业生对母校的总体满意度、教学满意度均稳中有升，与此同时校园内各项学习和生活设施对其成长成才的支撑力度稳步增大，反映高校整体教育教学和服务水平不断提升，本科教学工作不断优化。当然需要关注的是，面对产业优化升级的不断深入，课程内容需及时更新以更好地适应外部发展变化的趋势；另外线上、线下相结合的求职服务模式也有待进一步完善以满足毕业生多样化、个性化求职与发展的需要。

关键词： 母校满意度　教学改进　校园环境支撑　本科生

一　对母校的总体满意度[①]

毕业生对母校的总体满意度稳中有升，反映了本科生对高校教育教学与服务水平的认可。从近五年的数据来看，毕业生对母校的总体满意度从2018

---

① 对母校的总体满意度：由毕业生回答对母校的总体满意度，选项有"很满意""满意""不满意""很不满意""无法评估"共五项。其中，"满意""很满意"属于满意的范围，"不满意""很不满意"属于不满意的范围。对母校的总体满意度是回答满意范围的人数百分比，计算公式的分子是回答满意范围的人数，分母是回答不满意范围和满意范围的总人数。

届的93%上升至2022届的95%，持续保持在90%以上的水平。从不同院校类型来看，"双一流"院校和地方本科院校毕业生对母校的总体满意度均稳中有升，2022届均达到95%（见图10-1、图10-2）。

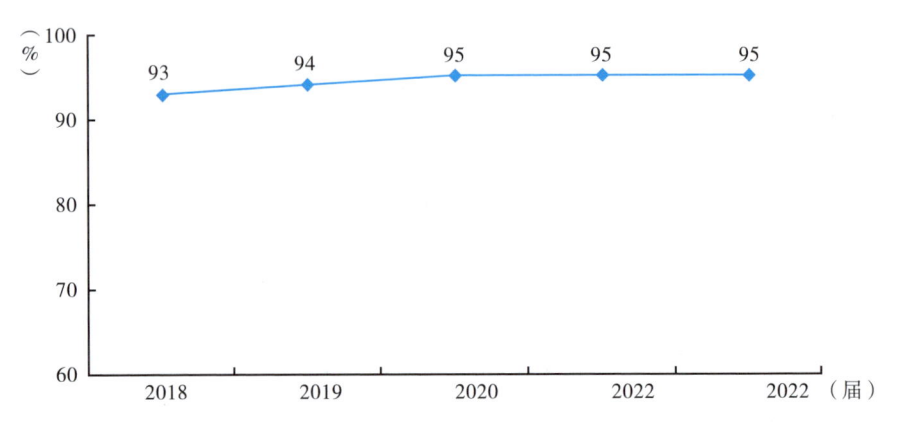

图10-1 2018~2022届本科毕业生对母校的总体满意度变化趋势

数据来源：麦可思-中国2018~2022届大学毕业生培养质量跟踪评价。

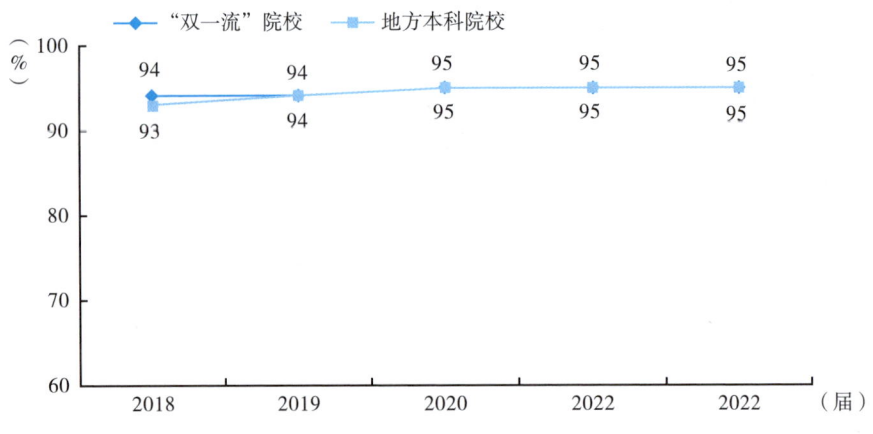

图10-2 2018~2022届各类型本科院校毕业生对母校的总体满意度变化趋势

数据来源：麦可思-中国2018~2022届大学毕业生培养质量跟踪评价。

二 学生服务满意度

(一) 教学满意度

教学满意度[①]持续上升,本科教学工作不断优化。从近五年的数据来看,毕业生对母校教学的满意度稳步提升,从2018届的89%上升到2022届的93%。从不同院校类型来看,"双一流"院校、地方本科院校的教学满意度均呈现上升趋势,在2022届均达到93%(见图10-3、图10-4)。

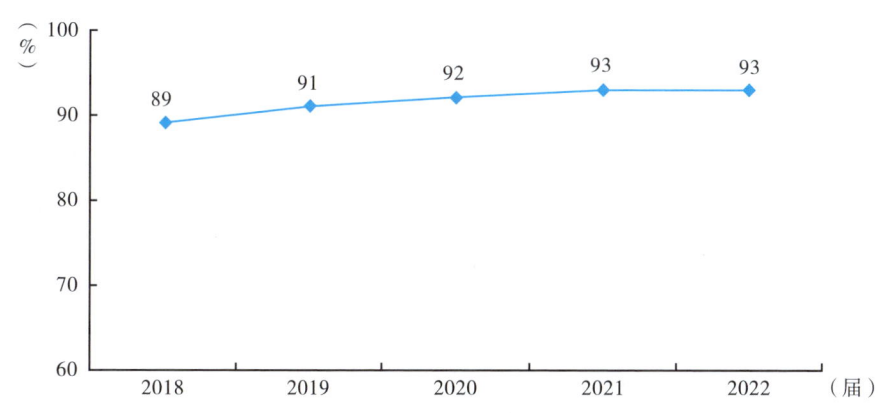

图 10-3　2018~2022届本科毕业生对母校的教学满意度变化趋势

数据来源:麦可思-中国2018~2022届大学毕业生培养质量跟踪评价。

实习和实践环节的开展、学生学习兴趣的调动相比2021届有所改善,但在课程内容方面仍需进一步加强。具体来看,2022届本科毕业生认为"课程内容不实用或陈旧"的比例(36%)较2021届(33%)有所上升(见图10-5)。面对产业优化升级的不断深入,课程内容需注重及时更新以适应外部发展变化的趋势。

[①] **教学满意度**:由毕业生回答对母校的教学满意度,选项有"很满意""满意""不满意""很不满意""无法评估"共五项。其中,"满意""很满意"属于满意的范围,"不满意""很不满意"属于不满意的范围。教学满意度是回答满意范围的人数百分比,计算公式的分子是回答满意范围的人数,分母是回答不满意范围和满意范围的总人数。

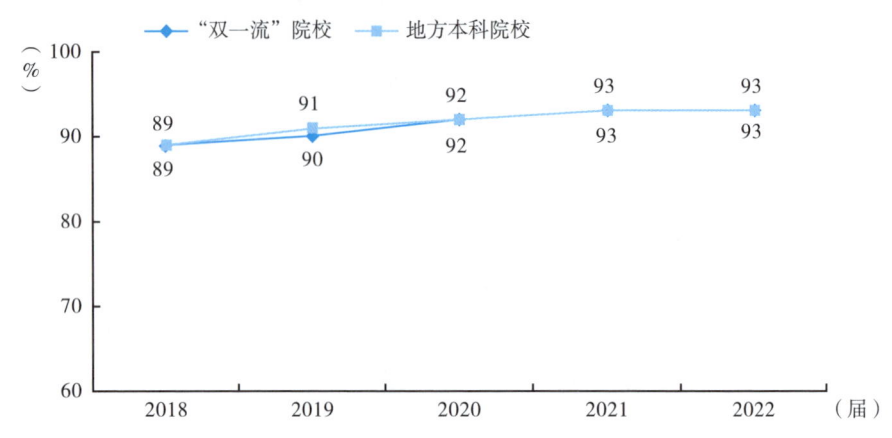

图 10-4　2018~2022 届各类本科院校毕业生对母校的教学满意度变化趋势

数据来源：麦可思－中国 2018~2022 届大学毕业生培养质量跟踪评价。

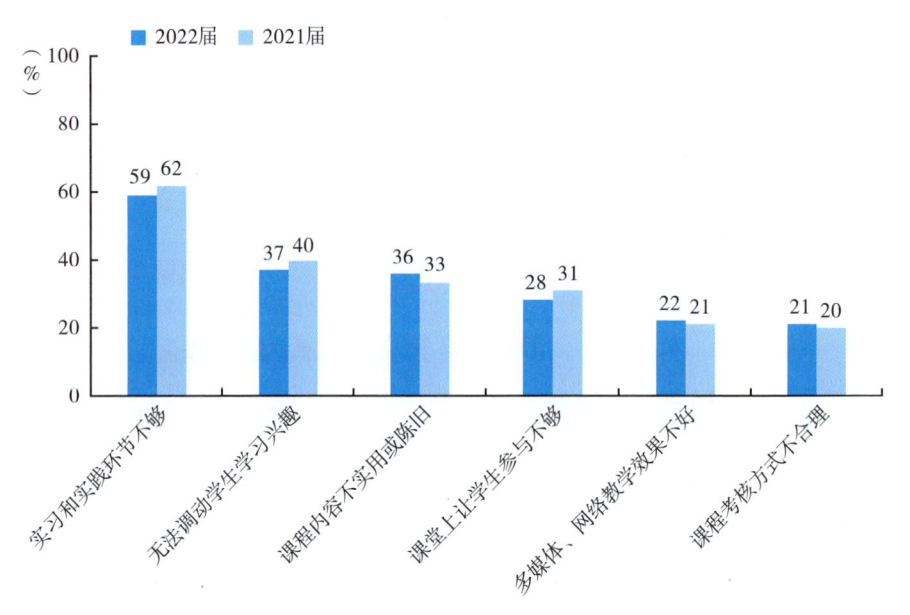

图 10-5　2021 届、2022 届本科毕业生认为母校的教学需要改进的地方

数据来源：麦可思－中国 2021 届、2022 届大学毕业生培养质量跟踪评价。

（二）核心课程评价

本科课程设置与实际工作岗位需求之间的匹配程度整体保持平稳。从近

本科毕业生对学校的满意度分析

五年的数据来看，本科工作与专业相关毕业生对核心课程的重要度[①]评价均保持在86%的水平。从不同院校类型来看，地方本科院校核心课程重要度持续高于"双一流"院校，其核心课程重要度保持平稳（见图10-6、图10-7）。

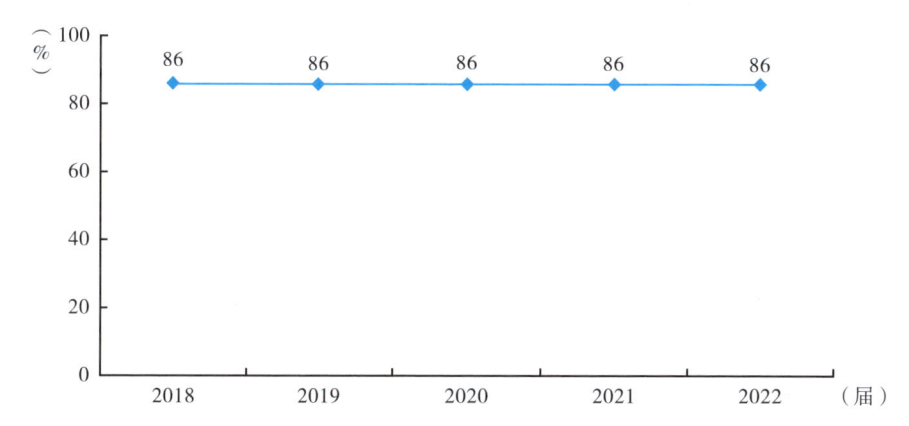

图10-6 2018~2022届本科工作与专业相关毕业生的核心课程重要度变化趋势

数据来源：麦可思－中国2018~2022届大学毕业生培养质量跟踪评价。

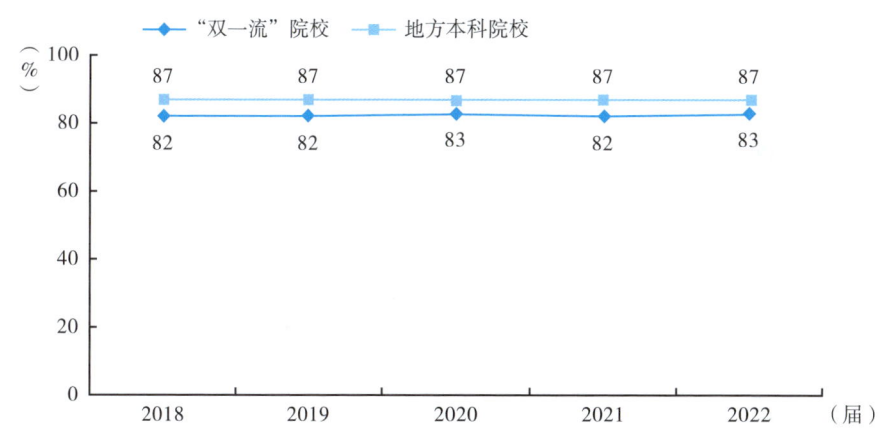

图10-7 2018~2022届各类本科院校工作与专业相关毕业生的核心课程重要度变化趋势

数据来源：麦可思－中国2018~2022届大学毕业生培养质量跟踪评价。

---

① **课程的重要度**：由从事专业相关工作的毕业生判定课程在自己的工作中是否重要。毕业生对课程于工作的重要度评价分为"无法评估""不重要""有些重要""重要""非常重要""极其重要"，其中"有些重要""重要""非常重要""极其重要"属于重要的范围。

核心课程培养效果逐年提升。从近五年的数据来看，本科工作与专业相关毕业生对核心课程的满足度①评价稳步提升，从2018届的78%上升至2022届的87%，五年内上升了9个百分点。从不同院校类型来看，"双一流"院校、地方本科院校课程培养效果均呈上升趋势，核心课程满足度五年内分别上升了7个、9个百分点（见图10-8、图10-9）。

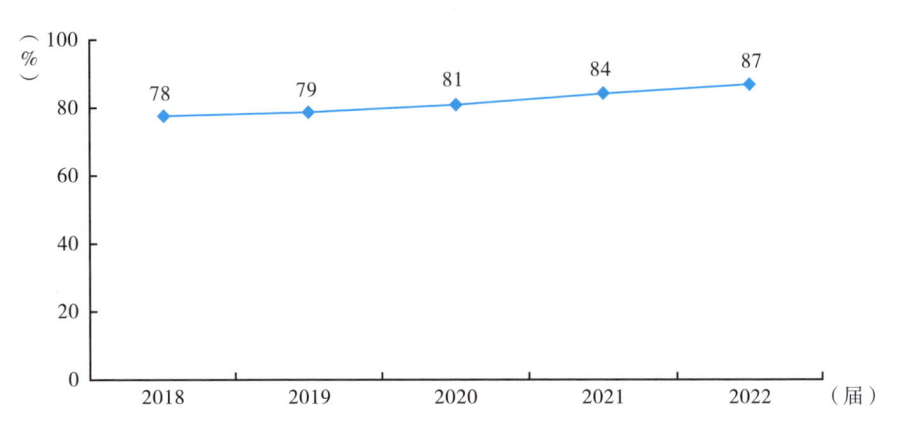

图 10-8　2018~2022届本科工作与专业相关毕业生的核心课程满足度变化趋势

数据来源：麦可思-中国2018~2022届大学毕业生培养质量跟踪评价。

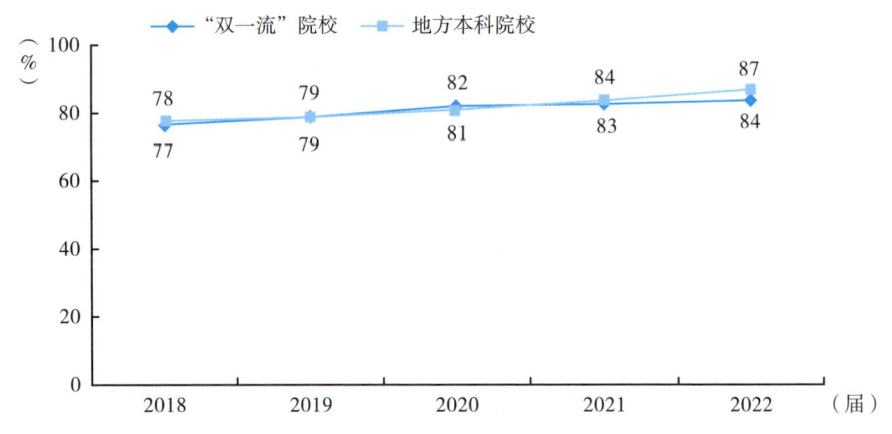

图 10-9　2018~2022届各类本科院校工作与专业相关毕业生的核心课程满足度变化趋势

数据来源：麦可思-中国2018~2022届大学毕业生培养质量跟踪评价。

---

① 课程的满足度：回答了课程"有些重要"到"极其重要"的毕业生会被要求回答课程训练是否满足工作要求，满足度指标是回答某课程能满足工作要求者的百分比。计算公式的分子是回答"满足"的人数，分母是回答"满足"和"不满足"的总人数。

从不同学科门类来看，历史学核心课程重要度及满足度均最高，工学核心课程重要度及满足度均相对较低，经济学核心课程重要度较低。具体来看，历史学核心课程的重要度和满足度（均为95%）均较高；工学核心课程的重要度和满足度（分别为81%、83%）排名靠后，相关专业可进一步梳理课程体系，结合行业发展变化趋势，完善课程体系建设，提升课程对毕业要求和培养目标达成的支撑力度；经济学的核心课程重要度（80%）偏低，需结合毕业生服务面向的主要行业领域，了解相关岗位对毕业生能力的需求情况，并相应调整和完善课程设置（见图10-10）。

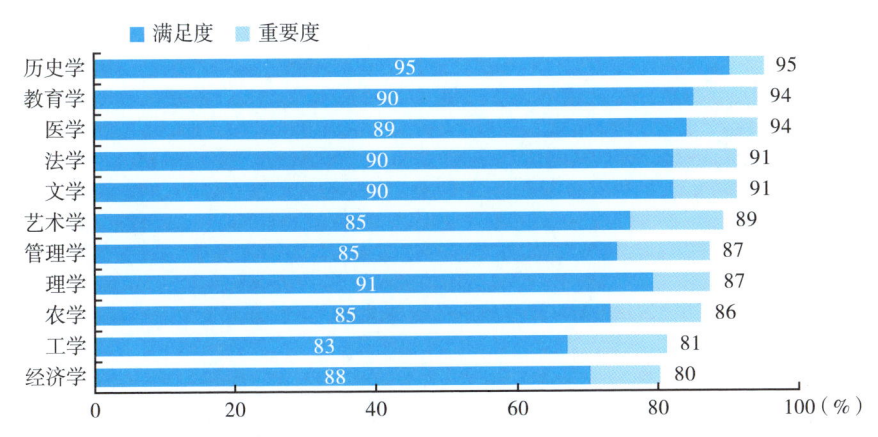

学科	满足度	重要度
历史学	95	95
教育学	90	94
医学	89	94
法学	90	91
文学	90	91
艺术学	85	89
管理学	85	87
理学	91	87
农学	85	86
工学	83	81
经济学	88	80

图10-10 2022届本科各学科门类工作与专业相关毕业生的核心课程重要度和满足度评价

注：个别学科门类因为样本较少，没有包括在内。

数据来源：麦可思-中国2022届大学毕业生培养质量跟踪评价。

（三）师生交流频度

地方本科院校毕业生在校期间与任课教师课下交流更为频繁。具体来看，2022届有55%的毕业生与任课教师"每周至少一次"或"每月至少一次"课下交流，其中地方本科院校毕业生与任课教师"每周至少一次"或"每月至少一次"课下交流程度（57%）高于"双一流"院校这一比例（42%）（见图10-11）。一流本科专业建设"双万计划"中强调坚持学生中心，在落实学生学习指导工作上，任课教师负主体责任。相关院校可建立健全相应工作机制，进一步增加师生之间的有效互动与交流。

从不同学科门类来看，与任课教师"每周至少一次"或"每月至少一次"课下交流比例较高的是艺术学（75%）、教育学（65%），较低的是医学（42%）（见图10-12）。

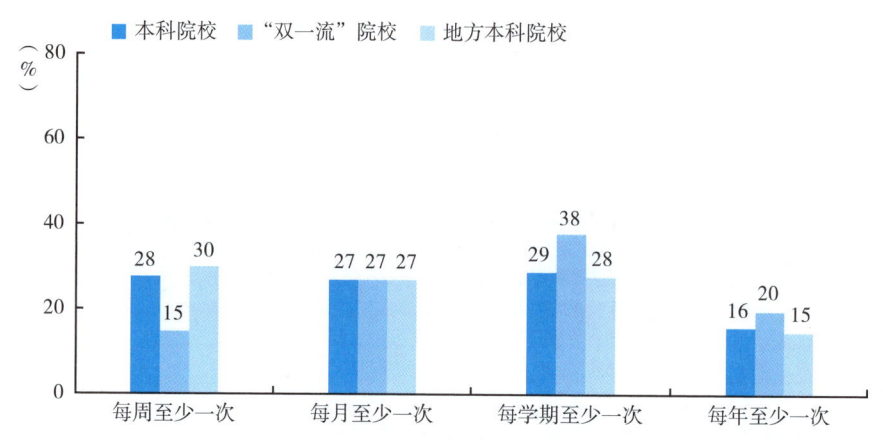

图 10-11　2022届本科毕业生在校期间与任课教师课下交流程度

数据来源：麦可思－中国2022届大学毕业生培养质量跟踪评价。

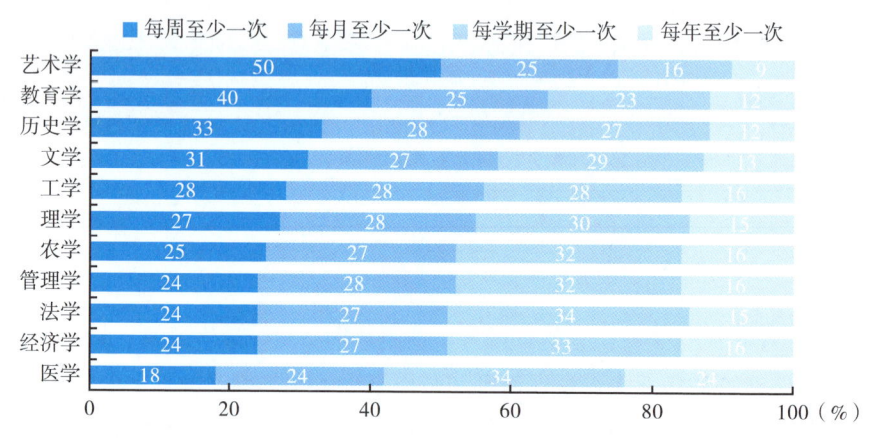

图 10-12　2022届本科各学科门类毕业生在校期间与任课教师课下交流程度

注：个别学科门类因为样本较少，没有包括在内。
数据来源：麦可思－中国2022届大学毕业生培养质量跟踪评价。

（四）求职服务满意度

就业指导服务是高校学生服务工作的重要内容。数据显示，近年来高校就业指导工作成效显著，本科毕业生对学校就业指导服务的满意度[①]持续上升，就业指导工作开展的效果改善明显。从近五年的数据来看，毕业生对学校就业指导服务的满意度由2018届的81%逐年上升至2022届的89%，五年内上升了8个百分点（见图10-13）。

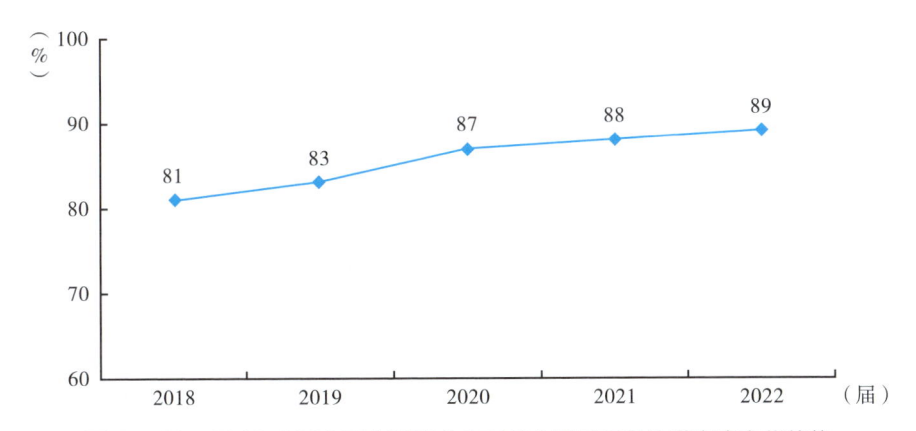

图10-13　2018~2022届本科毕业生对就业指导服务的满意度变化趋势

数据来源：麦可思－中国2018~2022届大学毕业生培养质量跟踪评价。

从不同院校类型来看，"双一流"院校、地方本科院校均呈现持续上升的趋势，"双一流"院校毕业生对就业指导服务工作的认可程度更高，地方本科院校与"双一流"院校的差距逐渐缩小，2022届"双一流"院校、地方本科院校毕业生对就业指导服务的满意度分别达到91%、89%（见图10-14）。

[①] 就业指导服务满意度：由毕业生回答对母校就业指导服务的满意度，选项有"很满意""满意""不满意""很不满意""无法评估"共五项。其中，"满意""很满意"属于满意的范围，"不满意""很不满意"属于不满意的范围。就业指导服务满意度是回答满意范围的人数百分比，计算公式的分子是回答满意范围的人数，分母是回答不满意范围和满意范围的总人数。

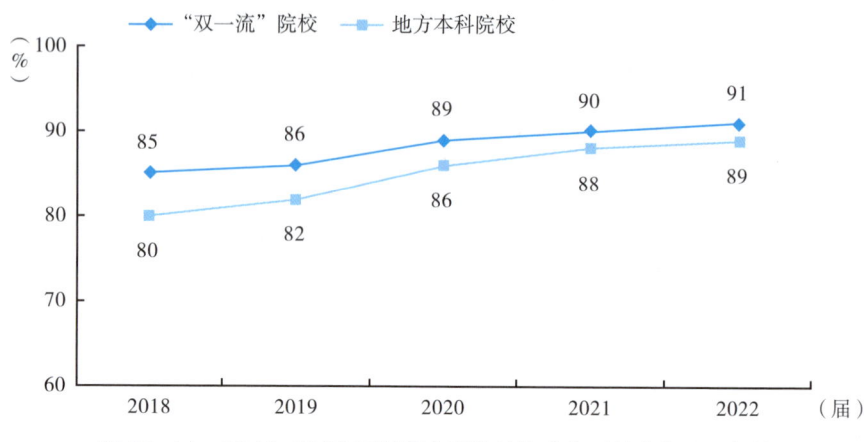

图 10-14　2018~2022 届各类本科院校毕业生对就业指导服务的满意度变化趋势

数据来源：麦可思－中国 2018~2022 届大学毕业生培养质量跟踪评价。

从学校开展的具体求职服务来看，超过八成（85%）毕业生接受过母校提供的求职服务。其中，参与最多的是"大学组织的线下招聘会"（51%），较 2021 届（58%）下降了 7 个百分点；其次是"大学组织的线上招聘会"（43%），较 2021 届（29%）上升了 14 个百分点。从求职服务效果来看，毕业生对"辅导求职技能"的有效性评价（93%）最高，对"大学组织的线上招聘会"的有效性评价（86%）相对较低（见图 10-15）。

高校求职服务整体上得到了毕业生的高度认可，当然线上、线下相结合的求职服务模式可进一步完善，以不断拓展就业服务工作边界，从而更好地促进毕业生的就业落实与发展。

从毕业生获得第一份工作的渠道来看，半数以上本科毕业生通过专业求职网站（包括 App、论坛、微信公众号等）以及校园招聘活动获得第一份工作（分别占 30%、24%）（见图 10-16），其中通过专业求职网站获得第一份工作的比例相比往年有所提升。

本科毕业生对学校的满意度分析

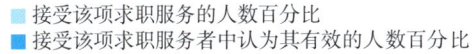

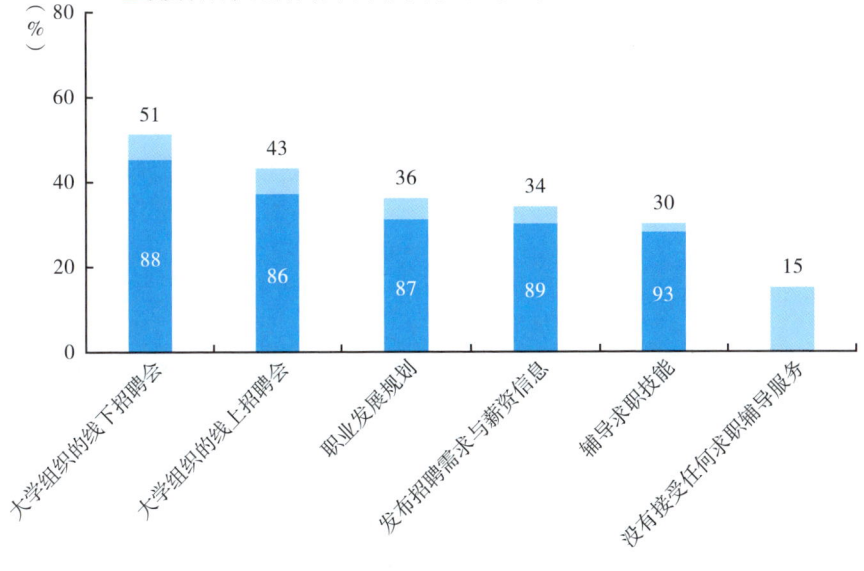

图例：
- 接受该项求职服务的人数百分比
- 接受该项求职服务者中认为其有效的人数百分比

求职服务项目	接受比例(%)	有效性(%)
大学组织的线下招聘会	51	88
大学组织的线上招聘会	43	86
职业发展规划	36	87
发布招聘需求与薪资信息	34	89
辅导求职技能	30	93
没有接受任何求职辅导服务	15	—

图 10-15　2022 届本科毕业生接受过求职服务的比例及有效性评价

数据来源：麦可思－中国 2022 届大学毕业生培养质量跟踪评价。

获得第一份工作的渠道	百分比(%)
通过专业求职网站（包括 App、论坛、微信公众号等）	30
本大学的招聘活动或发布的招聘信息	24
通过朋友和亲戚得到招聘信息	13
直接向用人单位申请	12
实习/顶岗实习	10
参加政府或其他大学组织的招聘活动	7
学校直接介绍工作	2
订单式培养	2

图 10-16　2022 届本科毕业生获得第一份工作的渠道分布

数据来源：麦可思－中国 2022 届大学毕业生培养质量跟踪评价。

173

（五）学生工作满意度

毕业生对母校学生工作的满意度[①]持续上升，育人工作效果不断增强。从近五年的数据来看，毕业生对母校学生工作的满意度由2018届的87%上升到了2022届的91%。从不同院校类型来看，"双一流"院校、地方本科院校毕业生对母校学生工作的满意度均呈现上升趋势，在2022届分别达到90%、91%（见图10-17、图10-18）。

（六）校园环境支撑

校园内各项学习和生活设施为毕业生在读期间的成长成才提供了重要支撑。从近三年的数据来看，教室及教学设备对学生学习需求的满足度持续较高，2020~2022届本科毕业生对其满足度评价均达到甚至过90%；实验教学条件持续改善，毕业生对实验室及相关设备的满足度评价从2020届的82%上升至2022届的85%；另外毕业生对艺术场馆的满足度评价也逐年上升，高校美育教育教学改革成效有所显现（见图10-19）。

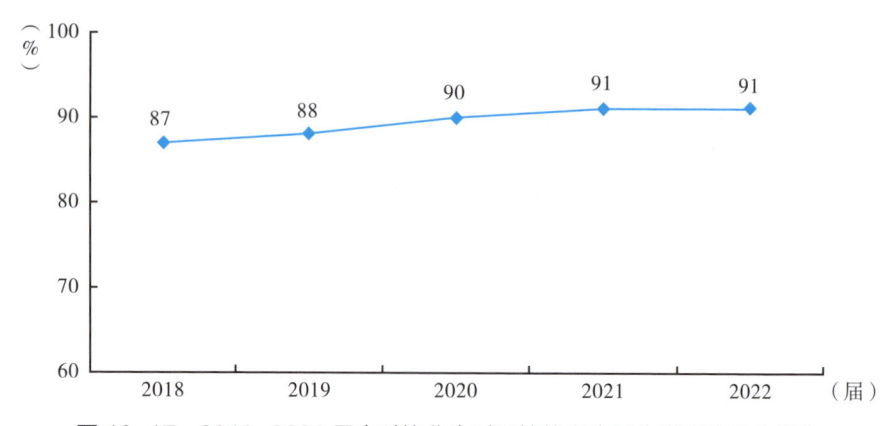

图10-17　2018~2022届本科毕业生对母校的学生工作满意度变化趋势

数据来源：麦可思-中国2018~2022届大学毕业生培养质量跟踪评价。

[①] 学生工作满意度：由毕业生回答对母校的学生工作满意度，选项有"很满意""满意""不满意""很不满意""无法评估"共五项。其中，"满意""很满意"属于满意的范围，"不满意""很不满意"属于不满意的范围。学生工作满意度是回答满意范围的人数百分比，计算公式的分子是回答满意范围的人数，分母是回答不满意范围和满意范围的总人数。

本科毕业生对学校的满意度分析

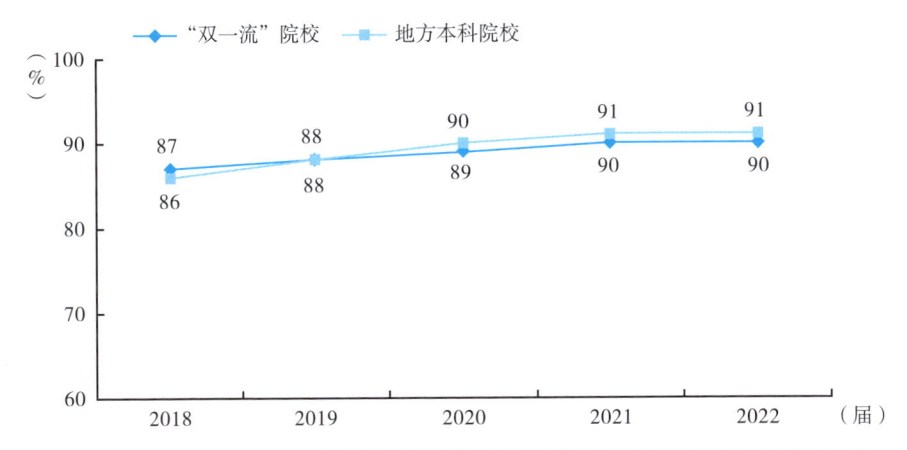

图10-18 2018~2022届各类本科院校毕业生对母校的学生工作满意度变化趋势

数据来源：麦可思-中国2018~2022届大学毕业生培养质量跟踪评价。

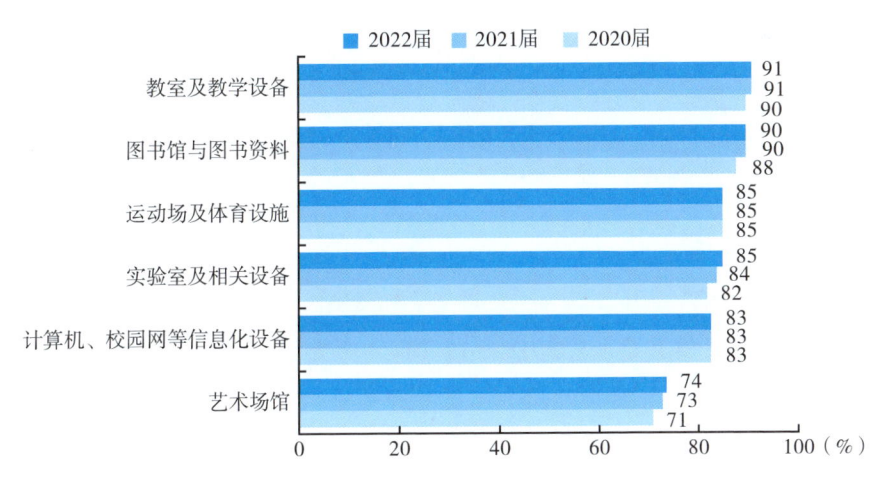

图10-19 2020~2022届本科毕业生认为各项校园设施对自身学习需求的满足度

数据来源：麦可思-中国2020~2022届大学毕业生培养质量跟踪评价。

175

专题报告
Special Reports

B.11
扩招背景下本科生读研趋势和就业分析

摘　要：近年来，研究生进一步扩招，"考研热"居高不下。硕士研究生报录比持续上升，从2018年的3.1∶1上升至2022年的4.2∶1，考研难度加大，"逆向读研"出现上升趋势。与此同时，不断扩大的研究生招生规模所带来的影响正在显现。近五年，应届硕士研究生的就业满意度、工作与专业相关度呈下降趋势。大部分学科的应届硕士研究生工作与专业相关度下降，一方面反映出应届硕士研究生就业压力的加剧，另一方面，也从侧面反映出，当前硕士研究生培养仍然存在与产业发展需求不匹配的问题。高校需关注研究生的教学培养过程、导师队伍建设。

关键词：扩招速度　考研难度　研究生就业质量　教学资源压力

扩招背景下本科生读研趋势和就业分析

研究生招生人数已连续三年破百万人。数据显示，2021年中国研究生招生总数为118万人，占当年本研招生总数（562万）的21.0%；美国全国学生信息交换研究中心（National Student Clearinghouse Research Center）及美国研究生院理事会（Council of Graduate Schools）2022年公布的数据显示[1]，2021年美国研究生招生总量为51.3万，占当年本研招生总数（275.4万）的18.6%。不断扩大的研究生规模给人才培养提出了挑战。

研究生扩招引发师资和教学资源压力。根据教育部统计数据，2018~2021年的全国研究生导师规模保持逐年增长态势，研究生生师比有下降趋势，但在2020年因研究生大幅扩招而出现反弹（6.28∶1）（见表11-1）。相关研究显示，世界高水平大学研究生生师比一般在2∶1~4∶1[2]。伴随着研究生规模的不断扩大，学校师资以及教学科研设施能否充分保障研究生的学习、科研等活动，是值得相关高校关注的问题。

表11-1 2018~2021年研究生生师比变化趋势

单位：万人

指标	2021年	2020年	2019年	2018年
研究生生师比	5.95	6.28	6.22	6.35
在校研究生人数	333	314	286	273
研究生导师人数	56	50	46	43

资料来源：中华人民共和国教育部。

伴随扩招而来的是考研热潮不断升温。中国教育在线编制的《2022年全国研究生招生调查报告》显示，2022年全国硕士研究生报考人数已达457万，较2018年（238万）接近翻番。2022年硕士研究生招生总计110万人，招录比为4.2∶1，较2018年（3.1∶1）提升，显示考研难度加大，更多本科毕业

---

[1] National Student Clearinghouse Research Center, Current Term Enrollment Estimates: Fall 2022 Expanded Edition, 2023-2-2; Council of Graduate Schools, Graduate Enrollment and Degrees: 2011 to 2021, 2022-11.

[2] 范晔：《大众化进程中的生师比与大学质量关系——世界一流大学生师比研究的启示》，《教育发展研究》2012年第23期。

生选择通过读研延缓就业。

在此背景下，哪类高校、学科、地区的应届本科生更倾向读研？应届毕业生的读研选择有哪些新变化？2023年我国将迎来史上规模最大的应届硕士毕业生，其就业可能面临哪些挑战？本专题将通过分析应届毕业生不同读研人群特点、往届生考研情况及硕士学历人群就业质量，展现当前读研趋势和读研后可能面临的问题，为高校就业指导和升学工作的开展提供参考。

一 读研比例增长的类型特点

"双一流"院校应届本科生读研比例较高，且增长更快。从近五年的数据来看，应届本科生国内读研比例已从2018届的14.7%增至2022届的17.9%，增加了22%。不同类型院校的应届本科生国内读研比例差异较大（见图11-1）。

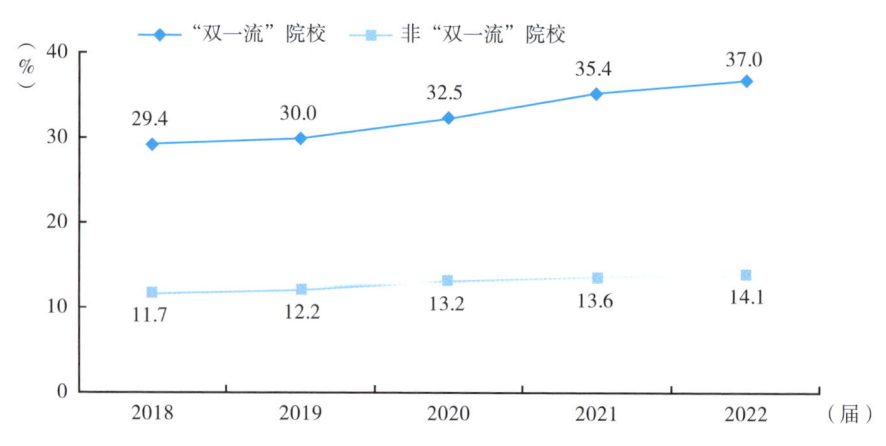

图11-1 2018~2022届不同类型院校应届本科毕业生国内读研比例变化趋势

数据来源：麦可思-中国2018~2022届大学毕业生培养质量跟踪评价。

近五年"双一流"院校应届本科生国内读研比例增长更快，从2018届的29.4%增至2022届的37.0%，上升了7.6个百分点，增幅为26%。一方面，"双一流"院校推荐免试研究生的占比较大（应届本科生读研群体中四成以上为推免生），且近年来呈现上升趋势；另一方面，"双一流"院校毕业生在考研中整体竞争力较强，考研成功率相对较高。

非"双一流"院校本科毕业生国内读研比例从2018届的11.7%增至2022届的14.1%，上升了2.4个百分点，增幅为21%。非"双一流"院校毕业生首次考研失利的情况更为普遍，读研比例增长相对较缓。

理工农医类专业应届本科生读研规模持续扩大，其中工学上升幅度最为明显。近五年医学、农学、理学应届本科生读研比例持续保持前三，连续五届均超过20%，且呈现持续上升的趋势。此外，工学的读研比例（2018届16.1%，2022届21.1%）增长幅度高于其他学科门类，五年内增长了31.1%（见表11-2）。从工学下属主要专业类来看，材料类专业读研比例持续较高（2022届为32.4%），电子信息类专业上升幅度较大，五年内增幅达33.9%（见表11-3），这也和国家面向集成电路等急需领域培养高层次人才的要求相适应。

表 11-2　2018~2022届各学科门类应届本科毕业生读研比例变化趋势

单位：%

学科门类	五年增幅	2022届	2021届	2020届	2019届	2018届
工学	31.1	21.1	20.1	18.8	17.0	16.1
艺术学	30.6	8.1	7.7	7.6	7.0	6.2
历史学	30.3	22.8	21.3	19.5	17.6	17.5
农学	26.6	28.1	25.6	24.7	22.8	22.2
经济学	25.0	14.0	13.8	13.3	11.7	11.2
文学	23.3	14.3	14.2	13.0	12.0	11.6
理学	15.9	26.9	25.0	24.5	23.3	23.2
法学	14.7	21.1	20.6	20.1	18.5	18.4
管理学	14.3	11.2	11.6	11.4	10.5	9.8
医学	8.4	28.5	28.0	27.1	26.6	26.3
教育学	7.0	12.2	12.3	12.1	11.7	11.4
全国本科	21.8	17.9	17.2	16.4	15.2	14.7

注：个别学科门类因为样本较少，没有包括在内。
资料来源：麦可思－中国2018~2022届大学毕业生培养质量跟踪评价。

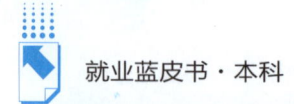

表 11-3　2018~2022 届工学门类主要专业类应届本科毕业生读研比例变化趋势

单位：%

工学下属规模较大的专业类	五年增幅	2022届	2021届	2020届	2019届	2018届
电子信息类	33.9	24.1	22.3	20.4	19.8	18.0
计算机类	32.0	13.6	13.3	10.6	10.6	10.3
电气类	17.7	16.6	16.5	16.1	15.3	14.1
自动化类	15.9	21.9	20.3	20.1	19.2	18.9
土木类	15.8	16.9	16.4	15.8	14.6	14.6
机械类	13.2	18.9	18.6	18.5	17.4	16.7
材料类	10.6	32.4	31.3	30.1	29.5	29.3

数据来源：麦可思-中国 2018~2022 届大学毕业生培养质量跟踪评价。

此外，在五年增幅较大的学科当中，艺术学读研比例五年增幅超 30%，读研后工作与专业相关度五年下降 10 个百分点（2022 届为 65%，2018 届为 75%），该学科扩招速度较快，而相关岗位需求无明显增长，导致需求与供给不匹配的现象增多。

京津冀、长三角地区非"双一流"院校读研比例较高，珠三角地区读研比例较低。研究生教育资源、就业机会是影响读研意愿的主因。从各经济区域非"双一流"院校应届毕业生读研比例来看，京津冀、长三角地区非"双一流"院校 2022 届毕业生的读研比例（分别为 18.8%、17.0%）较高，这也与本地区的研究生教育资源较多有关，京津冀、长三角地区"双一流"院校数量（分别为 40 所、37 所）约是其他地区的 3 倍，可以担负较大比例的高端人才培养。珠三角地区非"双一流"院校 2022 届毕业生的读研比例（8.1%）较低、毕业去向落实率（90.4%）较高，更多毕业生倾向于直接工作而非读研。主要是因为当地民营经济较为活跃，而民企是吸纳本科毕业生的主体，能够为毕业生提供较多的就业机会；反之，如东北地区非"双一流"院校 2022 届毕业生的毕业去向落实率（83.3%）相对较低，更多人选择读研（14.4%）以延缓就业压力（见表 11-4）。

表 11-4　2018~2022 届各经济区域非"双一流"院校应届毕业生读研比例

单位：%

各经济区域	2022 届	2021 届	2020 届	2019 届	2018 届
京津冀地区	18.8	17.9	17.1	16.1	15.3
长三角地区	17.0	16.3	15.9	15.2	14.5
华中地区	15.6	15.1	14.9	14.0	13.6
东北地区	14.4	14.1	13.3	12.8	12.6
西北地区	13.1	12.8	12.2	11.0	10.7
西南地区	11.9	11.7	11.3	10.1	9.3
珠三角地区	8.1	7.1	6.8	5.8	5.6

资料来源：麦可思－中国 2018~2022 届大学毕业生培养质量跟踪评价。

二　更多人因就业难读研

因就业难暂时读研、随大流而读研的比例上升。从应届本科生读研原因分布来看，近五年为读名校而考研的比例下降，因就业难暂时读研、随大流而读研的比例则分别上升了 5 个、2 个百分点（见表 11-5）。这显示，本科毕业生因为就业现状被迫选择读研的情况增加，升学更多地成为他们面对就业压力和求职迷茫时期的"安慰剂"。

表 11-5　2018~2022 届应届本科毕业生正在读研群体读研原因变化趋势

单位：%

读研原因	2022 届	2021 届	2020 届	2019 届	2018 届
就业前景好	52	55	52	52	53
职业发展需要	47	49	46	49	49
想去更好的大学	42	43	48	51	45
想做学术研究	27	28	28	29	30
就业难暂时读研	22	18	18	17	17
想改变专业	10	10	13	15	11
随大流	7	6	5	4	5
其他	6	5	5	5	5

资料来源：麦可思－中国 2018~2022 届大学毕业生培养质量跟踪评价。

学科、学校声誉依然是考生首要关切，但考生对考研难度的关注上升。从应届本科毕业生正在读研群体择校时关注的因素来看，专业声誉（2022届28%）、学校声誉（2022届25%）是考生择校时最为关注的因素（见表11-6）。而对于非"双一流"院校，对于学校所在城市的关注度也较高，希望通过读研来提升未来就业竞争力。值得注意的是，无论是"双一流"还是非"双一流"本科院校的应届本科生，对读研院校"容易考上"的关注度都在上升，这反映出考生对考研难度等因素的关切。

表11-6 2020~2022届应届本科毕业生正在读研群体择校时关注因素变化趋势

单位：%

择校时关注的因素	"双一流"院校			非"双一流"院校		
	2022届	2021届	2020届	2022届	2021届	2020届
所学专业的声誉	28	30	34	25	27	27
学校的声誉	25	29	29	21	24	23
学校所在城市	16	14	12	22	19	21
导师的学术成就	12	13	12	10	11	11
容易考上	11	9	8	14	12	10
其他	8	5	5	8	7	8

资料来源：麦可思-中国2020~2022届大学毕业生培养质量跟踪评价。

三 考研难度持续提升

考研竞争加剧，未就业人群中再战考研群体不断扩大。根据教育部公开发布的数据计算，随着硕士研究生报考人数不断增加，硕士研究生考试报录比逐年提升，从2018年的3.1∶1上升至2022年的4.2∶1，即4.2个考研的人，仅1人可以"上岸"，显示出考研竞争加剧（见表11-7）。此外，根据麦可思应届本科毕业生跟踪评价，应届本科毕业生暂不工作、计划境内考研的比例从2018届的2.8%上升到2022届的6.7%，翻了一番多，其中超八成已参加过研究生考试，这也反映出随着考研难度加大，毕业生首次考研失利的情况更加普遍，暂不就业毕业生中再战考研人数不断扩大。

表11-7 2018~2022年硕士研究生考试报录比例

单位：万人，%

指标	2022年	2021年	2020年	2019年	2018年
硕士报考人数	457	377	341	290	238
硕士招生人数	110	105	99	81	76
报录比例	4.2	3.6	3.4	3.6	3.1

资料来源：中华人民共和国教育部。

"逆向读研"比例持续上升。传统考研一般是指选取本校或更好的大学而"向上考"。但近年来的数据显示，从"双一流"院校到非"双一流"院校的"向下考"现象增多，社会媒体称之为"逆向考研"。数据显示，近五年"双一流"院校应届本科毕业后读研的群体中，到非"双一流"院校读研的比例逐年升高，从2018届的3.8%上升至2022届的5.8%（见图11-2）。这反映出在考研难度和求职难度逐年攀升的情况下，部分本科毕业生为延缓就业而被迫做出向下兼容的升学选择。

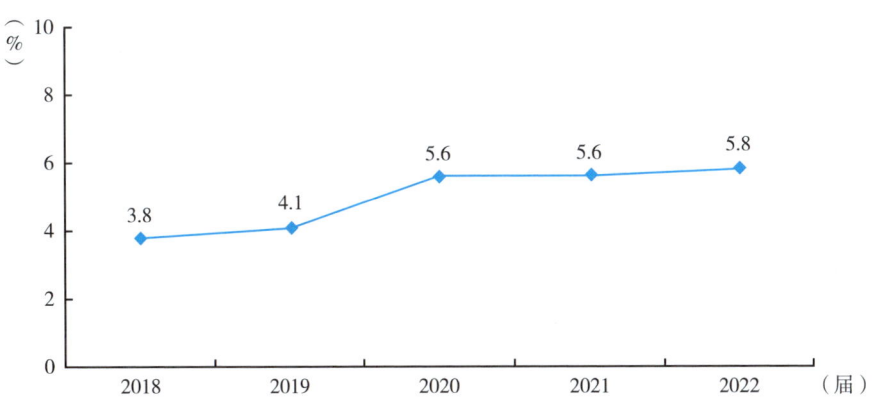

图11-2 2018~2022届"双一流"院校本科毕业生在非"双一流"院校读研比例变化趋势

数据来源：麦可思-中国2018~2022届大学毕业生培养质量跟踪评价。

法学、医学学科应届本科毕业生"逆向读研"占比较高。从具体的学科门类来看，近三年，"双一流"院校法学、医学应届本科毕业后读研的群体中，到非"双一流"院校读研的比例较高，均为12.8%（见表11-8）。这或许是因为政法类、医学类等行业特色鲜明的院校在"双一流"建设单位中占比相对较少，一些学科水平高、行业认可度高的行业特色院校并未进入"双一流"建设名单。与此同时，文学、法学等学科近些年报考热度较高，部分考生为实现升学降低了目标院校期待。中国教育在线编制的《2023年全国研究生招生调查报告》显示，人文社科类专业考研竞争激烈，即便是在理工科为主的高校，这类专业也是报考热门。

表11-8 各学科门类"双一流"院校应届本科毕业生到非"双一流"院校读研的比例

单位：%

学科门类	在非"双一流"院校读研比例
法学	12.8
医学	12.8
艺术学	12.6
文学	10.8
管理学	7.4
经济学	5.8
农学	4.0
工学	3.7
理学	3.6

注：个别学科门类因为样本较少，没有包括在内。
资料来源：麦可思-中国2020~2022届大学毕业生培养质量跟踪评价。

四 硕士研究生就业问题显现

应届硕士研究生就业满意度已无明显优势。数据显示，近五年应届硕士研究生的就业满意度与应届本科生的差距在缩小，且2022届（80%）与上届

（82%）相比下降了（见图 11-3）。从毕业生的主观感受的角度反映出就业质量有所下降，就业压力增大。

图 11-3　2018~2022 届应届硕士研究生与应届本科毕业生的就业满意度变化趋势

注：应届硕士研究生样本来源为 2015~2019 年应届本科毕业后读研的群体，麦可思对此群体进行了毕业三年后的再次跟踪评价，以了解其硕士毕业时的就业情况，下同。

数据来源：麦可思-中国 2015~2019 届大学毕业生三年后职业发展跟踪评价，麦可思-中国 2018~2022 届大学毕业生培养质量跟踪评价。

应届硕士研究生毕业后从事专业相关工作比例有下降趋势。数据显示，近五年应届硕士研究生毕业后从事专业相关工作的比例从 2018 届的 74% 下降至 2022 届的 69%，下降了 5 个百分点，而同年就业的应届本科生从事专业相关工作的比例呈上升趋势（2018 届 71%，2022 届 74%）（见图 11-4）。结合上文就业满意度的变化情况综合来看，研究生滞后的就业压力开始显现，高校需结合就业市场需求，持续优化研究生教学培养过程、导师队伍建设，进一步提升研究生的综合能力素质，以应对就业压力。

管理学应届硕士研究生毕业后工作与专业相关度持续偏低。从各学科门类应届硕士毕业生从事专业相关工作的比例来看，除法学、理学外，其余学科近五届普遍有所下降，研究生规模较大的学科中管理学工作与专业相关度（60%~64%）持续偏低且下降明显（见表 11-9）。工作与专业相关度低在一定

图 11-4　2018~2022 届应届硕士研究生与应届本科毕业生的工作与专业相关度变化趋势

数据来源：麦可思－中国 2015~2019 届大学毕业生三年后职业发展跟踪评价，麦可思－中国 2018~2022 届大学毕业生培养质量跟踪评价。

程度上反映出部分学科领域的研究生培养依然存在与产业发展要求不匹配的情况，有待进一步调整和优化。

表 11-9　2018~2022 届各学科门类应届硕士毕业生工作与专业相关度变化趋势

单位：%

学科门类	2022 届	2021 届	2020 届	2019 届	2018 届
医学	92	92	93	93	93
法学	79	79	78	78	77
理学	73	74	72	73	73
工学	69	71	71	71	72
经济学	68	68	67	69	71
文学	66	67	67	68	68
艺术学	65	67	69	73	75
农学	65	67	67	69	69
管理学	60	62	65	65	64

注：个别学科门类因为样本较少，没有包括在内。

数据来源：麦可思－中国 2015~2019 届大学毕业生三年后职业发展跟踪评价。

参考文献

《2023年全国研究生招生调查报告》，中国教育在线。

2017~2021年教育统计数据，中华人民共和国教育部。

B.12
面对重点产业和社会需求的专业调整分析

摘　要： 新增专业聚焦国家战略和社会需求。通过对近五年新增审批和备案的本科专业名单的分析发现，智能、环境、能源、大数据、机器人等是增设较多的专业，战略新兴产业相关专业是高校增设的重点，同时这些专业社会需求增长，就业处于优势地位；分析也发现，部分专业增设较多，而就业质量持续偏低。除此之外，新增专业还对准区域发展急需的学科专业，例如山东增设医学技术类专业较多，广东增设学前教育和小学教育专业较多。撤销专业主要围绕办学特色优化专业结构，以区域发展为基础，做专业"瘦身"。不同类型院校在撤销专业方面特点不同，在工科院校，人文、社科、艺术类专业是撤销重点，而在非工科院校，理工类专业是撤销重点。

关键词： 专业结构优化　就业质量　办学优势　报考热度

近年来，我国高等教育学科专业结构调整工作不断深入。据教育部高等教育司负责人介绍，目前全国普通高校本科专业布点总数6.6万个，较2012年新增1.7万个、撤销和停招了近1万个专业点，每年调整幅度将近5%[①]。然而，随着近期《普通高等教育学科专业设置调整优化改革方案》（下文简称

---

① 《教育部高等教育司负责人就〈普通高等教育学科专业设置调整优化改革方案〉答记者问》，中华人民共和国教育部，2023-04-04。

《方案》)的发布,学科专业优化调整的力度将进一步加大。

《方案》提出,到2025年再优化调整高校20%左右学科专业布点,调整力度较近十年进一步增大。优化调整包含两方面内容,一方面是新设一批适应新技术、新产业、新业态、新模式的学科专业;另一方面,对于不适应经济社会发展的学科专业要进行淘汰。2022年9月,教育部部长怀进鹏在国新办新闻发布会上曾表示,就业是高等教育改革的一个重要方向。他指出,要引导高校重点布局社会需求大、就业前景广、经济社会发展需求旺盛同时又是人才缺口的学科专业[1]。

本专题从国家战略和区域发展出发,通过分析2018~2022年五年新增/撤销本科专业布点情况以及相关专业的特征等,展现其增设和撤销与就业状况、办学质量和学生报考三个维度的关系,从而为高校学科专业调整优化提供思路。

一 新增专业:聚焦国家战略和社会需求

国家"十四五"规划中提出要发展壮大战略性新兴产业,聚焦新一代信息技术、生物技术、新能源、新材料、高端装备、新能源汽车、绿色环保以及航空航天、海洋装备等战略性新兴产业,加快关键核心技术创新应用,增强要素保障能力,培育壮大产业发展新动能。推动生物技术和信息技术融合创新,加快发展生物医药、生物育种、生物材料、生物能源等产业,做大做强生物经济[2]。战略性新兴产业是推动产业转型升级和经济高质量发展的重要力量,聚力战略新兴产业,满足国家、区域发展和社会需求是高校专业人才培养的当务之急。《方案》也强调,要新设一批适应新技术、新产业、新业态、新模式的学科专业,对服务国家重大战略需求发挥重要作用的学科要取得突破,形成一大批特色优势学科专业集群。

---

[1] 《教育部部长怀进鹏:把就业作为高等教育结构调整重要内容》,中华人民共和国教育部,2022-09-09。
[2] 《中华人民共和国国民经济和社会发展第十四个五年规划和2035年远景目标纲要》,中国政府网,2021-03-13。

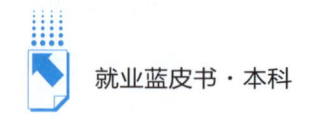

（一）对准战略新兴产业增设专业

战略新兴产业相关专业是高校增设焦点。统计显示，2018~2022年本科院校新增审批和新增备案专业共计9926个，为适应国家和区域经济社会发展的需要，工学类专业新增比例高，新增专业以工学专业（4222个）为主，占比达43%。与此同时，新工科、新医科、新农科、新文科成为专业建设方向。通过对近五年新增审批和备案本科专业名单的词频分析发现，智能、环境、能源、大数据、机器人等是增设专业名称中的高频词，其中，人工智能、数据科学与大数据技术、智能制造工程、机器人工程等是近五年高校新增的热门专业，新增数量分别为498个、459个、305个、256个（见表12-1）。以上专业均是与战略新兴产业密切相关的专业。

表12-1 2018~2022年新增较多的本科专业

单位：个

专业名称	"双一流"院校	地方本科院校	总计
人工智能	96	402	498
数据科学与大数据技术	45	414	459
智能制造工程	38	267	305
机器人工程	36	220	256
大数据管理与应用	45	170	215
智能科学与技术	21	134	155
网络与新媒体	13	142	155
数字经济	18	129	147
数字媒体艺术	7	109	116
智能建造	18	90	108
金融科技	14	92	106
网络空间安全	27	66	93
新能源材料与器件	12	57	69

资料来源：2018~2022年度普通高等学校本科专业备案和审批结果。

面对重点产业和社会需求的专业调整分析

战略新兴产业相关专业需求持续增长，就业向好。受多重因素影响，全国应届本科生毕业去向落实率下降。在这一背景下，战略新兴产业相关专业连续五年毕业去向落实率高于全国本科平均水平，且连续五年保持优势，2022届战略新兴产业相关专业毕业去向落实率（90.7%）已高于全国本科（86.0%）平均水平4.7个百分点，显示出相关专业需求持续增长，就业向好。2023年4月，智联招聘发布的《2023年一季度人才市场热点快报》显示，互联网/电子商务、计算机软件、电子技术/半导体/集成电路、医药/生物工程等战略新兴产业或与之密切相关的行业，在2023年一季度位列招聘量前十。

战略新兴产业相关专业2022届本科毕业生毕业半年后月收入为6406元，高出全国本科平均（5990元）416元，且较五年前的起薪增幅也更大（战略新兴产业相关专业增长18.9%，本科平均增长16.7%）；其工作与专业相关度持续上升，较五年前提升了6个百分点（见表12-2），显示出战略新兴产业相关专业岗位匹配度持续提升。

表12-2 战略新兴产业相关专业2018~2022届本科毕业生的就业情况

单位：元，%

就业指标	对比群体	2022届	2021届	2020届	2019届	2018届
毕业去向落实率	战略新兴产业相关专业	90.7	91.9	92.6	93.7	94.7
	本科平均	86.0	87.8	89.0	91.1	92.5
月收入	战略新兴产业相关专业	6406	6089	5741	5693	5388
	本科平均	5990	5833	5471	5440	5135
工作与专业相关度	战略新兴产业相关专业	73	69	67	67	67
	本科平均	74	73	71	71	71

资料来源：麦可思-中国2018~2022届大学毕业生培养质量跟踪评价。

（二）专业增设支撑区域发展

对准区域发展急需领域增设专业。有专家曾在《中国科学报》撰文指出，学科专业调整应同时聚焦需求侧与供给侧。近年来，许多省（区、市）教育主管部门也就当地学科专业建设策略要求进行了明确。

从各省份新增专业量来看，山东、江苏、广东新增专业最多，其中2022年山东校均增加2.0个专业，增设力度较大（见表12-3）。山东省新增专业以医学技术类为主，包括智能医学工程、医学检验技术、康复物理治疗等专业，该省"十三五"教育事业发展规划特别提到要"加强面向基层的全科医学专业人才培养，在省属医学高等院校实施订单定向医学生免费教育，为基层基本医疗卫生服务提供人才支撑"，相关专业设置或与该地区要加强医学人才培养有关。广东省新增学前教育、小学教育等教育学类专业明显较多；广东的基础教育存在体量大、投入多、分布不平衡等特征，而加强教育学类专业设置，可能与该地致力于加强基础教育有关。

表12-3 2018~2022年各省（区、市）新增专业数量

单位：个

省（区、市）	总计	2022年校均	2022年	2021年	2020年	2019年	2018年
山东	690	2.0	139	120	167	124	140
江苏	594	1.6	126	121	139	96	112
广东	561	1.5	102	121	125	120	93
湖北	548	1.6	106	117	132	93	100
河南	523	1.8	102	83	105	93	140
北京	496	1.0	70	124	125	85	92
四川	485	1.3	69	87	138	96	95
辽宁	475	1.2	75	117	109	98	76
河北	458	1.1	65	88	99	94	112
安徽	424	2.1	97	88	74	82	83
陕西	389	1.6	91	52	91	65	90
江西	355	1.0	46	70	86	68	85
广西	352	1.6	60	70	90	64	68
浙江	342	1.4	84	66	67	59	66
福建	319	1.1	41	45	81	76	76
湖南	311	1.3	69	64	63	62	53
吉林	295	1.0	36	52	80	66	61
云南	294	1.2	37	57	64	45	91

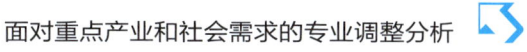

续表

省（区、市）	总计	2022年校均	2022年	2021年	2020年	2019年	2018年
山西	280	1.7	58	55	62	44	61
重庆	240	1.8	48	55	40	38	59
黑龙江	232	0.9	34	35	67	45	51
贵州	221	1.4	40	59	32	45	45
上海	218	0.9	34	56	38	44	46
天津	193	1.2	36	27	36	51	43
甘肃	169	1.4	30	29	26	39	45
新疆	166	2.4	46	63	32	15	10
内蒙古	145	2.2	38	19	26	19	43
宁夏	66	1.8	14	14	13	9	16
海南	63	2.5	20	4	10	11	18
青海	17	1.0	4	3	4	4	2
西藏	4	—	—	—	2	2	—

资料来源：2018~2022年度普通高等学校本科专业备案和审批结果。

（三）增设专业的关键特征

通过梳理部分省（区、市）学科专业优化调整文件发现，专业的就业状况、教学水平、考生报考意愿等是调整优化高校学科专业需要考虑的重要方面（见表12-4），近几年高校的专业增设呈现出的关键特征，也为未来高校增设专业提供了思路。

表12-4 部分省份发布的学科专业优化调整文件摘要

省份	文件名称	文件摘要（新增和撤销机制）
山东	省委办公厅、省政府办公厅印发《关于深入推动山东高等教育高质量发展的若干措施》——2022年	支持新兴专业建设。服务本省"十大创新""十强产业""十大扩需求"行动计划，加强新兴专业建设。围绕海洋工程、集成电路、智能制造、网络安全等领域发展100个左右新工科专业，围绕医学材料、公共卫生、医学生物信息、智能医学等领域发展10个以上新医科专业，围绕育种技术、智慧农业、农业大数据、生态修复等领域发展10个以上新农科专业，围绕金融科技、旅游经济、涉外法学、知识产权等领域发展80个左右新文科专业。加快升级传统专业，优化高校专业结构，提升人才培养质量，到2025年，新工科、新医科、新农科、新文科专业比例达到80%以上

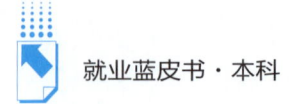

续表

省份	文件名称	文件摘要（新增和撤销机制）
广东	广东省人民政府办公厅关于印发高等教育"冲一流、补短板、强特色"提升计划实施方案（2021—2025年）——2021年	优化学科专业布局。建立学科专业动态调整机制，用好学科交叉融合的"催化剂"，打破学科专业壁垒，紧密对接国家重大发展战略和本省20个战略性产业集群发展需要，布局建设一批国家急需、有效支撑行业和区域重大需求的学科专业，增强高校服务高质量发展能力。"冲一流"高校重点建设一批服务国家需求、原始创新能力强的世界高峰学科专业；"补短板""强特色"高校重点建设一批在国内具有较强影响力、有效服务区域产业发展的理工类特色学科专业群，以及具有岭南特色的人文社科类特色学科专业群
江苏	省政府办公厅关于印发江苏省"十四五"教育发展规划的通知——2022年	优化学科专业结构，推进新工科、新农科、新医科、新文科建设，主动布局集成电路、人工智能、储能技术、量子科技、高端装备、智能制造、生物技术、医学攻关、数字经济（含区块链）、云计算、大数据、生物育种等学科专业，大力发展公共卫生、儿科、全科、产科、养老护理等民生急需学科专业
江苏	省教育厅办公室关于做好2022年度普通高等学校本科专业设置工作的通知——2022年	高校设置本科专业应坚持需求导向，主动服务国家战略、区域经济社会发展需要，避免同一区域（领域）大量重复设置"过热"专业。高校应按照"新工科、新医科、新农科、新文科"建设要求，积极增设集成电路、人工智能、大数据、物联网、区块链工程、农机装备、新能源、标准化工程、密码科学与技术、预防医学、儿科学、精神医学、家政学、养老服务、知识产权等专业

资料来源：各省（区、市）教育主管部门、人民政府网站。

● 就业：对接社会需求，增设就业优势专业

战略新兴产业相关专业就业优势明显。不同类型院校均增设较多计算机类、电子信息类、机械类专业（见表12-5）。作为新增最多的专业类，计算机类专业的2022届本科毕业生，毕业半年后月收入为6863元，工作与专业相关度为77%，均高于全国本科平均；较高的就业质量也使其就业满意度相对更高（计算机类80%，本科平均77%）（见表12-6）。

面对重点产业和社会需求的专业调整分析

表 12-5 2018~2022 年新增较多的前 10 位本科专业类分布

单位：个

专业类	"双一流"院校	地方本科院校	总计
计算机类	126	921	1047
电子信息类	140	603	743
机械类	64	480	544
设计学类	22	345	367
管理科学与工程类	64	290	354
外国语言文学类	52	281	333
自动化类	48	269	317
工商管理类	16	285	301
金融学类	33	248	281
音乐与舞蹈学类	15	249	264

资料来源：2018~2022 年度普通高等学校本科专业备案和审批结果。

表 12-6 计算机类专业 2022 届本科毕业生的就业情况

单位：元，%

就业指标	计算机类专业平均	本科平均
月收入	6863	5990
工作与专业相关度	77	74
就业满意度	80	77

资料来源：麦可思－中国 2022 届大学毕业生培养质量跟踪评价。

麦可思研究院在国内率先提出"红黄绿牌"专业理念，已连续十余年根据失业量、毕业去向落实率、薪资和就业满意度等就业指标，综合评价筛选出需求增长型和预警专业，并通过《中国本科生就业报告》进行发布。经统计，近五年被列为绿牌专业次数最多的是网络工程、信息安全、信息工程（均为 4 次），其后是电气工程及其自动化、软件工程、数字媒体技术（均为 3 次）（见表 12-7）。这些专业除数字媒体艺术之外，均属于工学门类。

进一步细看这些专业所属专业类，近五年进入绿牌名单的专业共 14 个，其中网络工程、信息安全、软件工程、数字媒体技术、物联网工程、计算机科学与技术6个专业均属于计算机类专业。这些专业也多是与战略新兴产业密切相关的专业，相关产业发展需求为毕业生带来了相对更多的就业机会，让其就业优势显现。

表12-7 近五年本科绿牌专业

2023年	2022年	2021年	2020年	2019年
信息工程	信息安全	信息安全	信息安全	信息安全
微电子科学与工程	网络工程	软件工程	软件工程	软件工程
电气工程及其自动化	信息工程	信息工程	信息工程	网络工程
能源与动力工程	微电子科学与工程	网络工程	网络工程	物联网工程
道路桥梁与渡河工程	数字媒体技术	数字媒体技术	计算机科学与技术	数字媒体技术
机械电子工程	能源与动力工程	电气工程及其自动化	数字媒体艺术	通信工程
			电气工程及其自动化	数字媒体艺术

资料来源：麦可思－中国2018~2022届大学毕业生培养质量跟踪评价。

新增较多的本科专业类中也存在就业红牌专业，需要重点关注。音乐与舞蹈学类是近几年新增数量排名靠前的专业，但下设音乐表演专业近年连续登上就业红牌榜，近五年被列为预警专业4次（见表12-8）。有研究人员曾就此发表评论称"表面上是从更多考生利益出发，实际上是高学费驱使下的'学校利益本位'的直接体现"[1]。

表12-8 近五年本科预警专业

2023年	2022年	2021年	2020年	2019年
汉语国际教育	汉语国际教育	应用心理学	绘画	绘画
法学	绘画	历史学	音乐表演	历史学
教育技术学	应用心理学	音乐表演	法学	应用心理学
绘画	音乐表演	绘画	应用心理学	音乐表演
应用心理学	法学	法学	化学	化学
				法学

资料来源：麦可思－中国2018~2022届大学毕业生培养质量跟踪评价。

[1] 《本科专业为何这样调整》，《光明日报》2021年3月5日。

面对重点产业和社会需求的专业调整分析

● 办学：发挥院校办学特色和学科优势

对准国家战略需求，"双一流"院校重点围绕"四新"建设开设专业。《方案》中提出，"要加快推进一流学科建设，聚焦世界科学前沿、关键技术领域、传承弘扬中华优秀文化的学科，以及服务治国理政新领域新方向。一流学科建设中，要打破学科专业壁垒，深化学科交叉融合"。从近五年的新增审批和备案的情况来看，在能源动力类、电子信息类、管理科学与工程类等类型专业上，"双一流"院校的新增布点数占本科院校整体布点数的比例相对较高（见表12-9），说明"双一流"院校在"四新"建设方面重点发力，有利于形成人才培养高地、服务于国家战略需求。

表12-9 2018~2022年"双一流"院校新增较多的本科专业类分布

单位：个，%

专业类	"双一流"院校	地方本科院校	总计	"双一流"院校占比
能源动力类	50	89	139	36.0
电子信息类	140	603	743	18.8
管理科学与工程类	64	290	354	18.1
外国语言文学类	52	281	333	15.6
自动化类	48	269	317	15.1
计算机类	126	921	1047	12.0
机械类	64	480	544	11.8
总计	1394	8531	9925	14.0

资料来源：2018~2022年度普通高等学校本科专业备案和审批结果。

核心是在强校、优势学科、特色学科中增加。服务国家战略需求的专业，对于学校的办学条件与办学质量要求较高。近年来综合类和工科类院校增设战略新兴产业相关专业较多，为办好相关专业，许多大学也投入巨大。"双一流"院校的《2020—2021学年本科教学质量报告》显示，本科专项教学经费[①]投入排名靠前的30所"双一流"建设高校中，综合类院校（20所）、工科类院校

---

① "本科专项教学经费"是一个自然年度内，高校立项用于本科教学改革和建设的专项经费总额。

（8所）居多。在新设专业的过程中，学校要充分发挥各自办学优势，以强势学科引领、带动相关学科的发展。

其中，"双一流"院校需充分发挥一流学科的辐射作用，引领学科交叉。从最新公布的2022年新增审批本科专业情况来看，"双一流"工科类院校新增审批的15个专业中，有13个专业均为理工类专业，占比为87%（见表12-10），显示这类院校在不断强化和发挥自身工科优势，体现了新工科建设中对于现有工科交叉复合、工科与其他学科交叉融合、应用理科向工科延伸的相关要求。地方高校也可根据自身办学特点，促使优势学科或特色学科领域之间产生交叉融合，拓宽基础学科应用面向，构建"基础＋应用"复合培养体系。

表12-10 2022年不同类型"双一流"院校新增审批本科专业情况

单位：个

院校类型	新增审批专业	数量	院校类型	新增审批专业	数量
综合	生物育种科学	4	工科	碳储科学与工程	4
综合	运动训练	3	工科	网络空间安全	2
综合	行星科学	2	工科	智慧能源工程	1
综合	密码科学与技术	2	工科	运动训练	1
综合	基础医学	1	工科	生物材料	1
综合	口腔医学	1	工科	氢能科学与工程	1
综合	乡村治理	1	工科	行星科学	1
综合	医工学	1	工科	法学	1
综合	可持续能源	1	工科	保密技术	1
综合	国际组织与全球治理	1	工科	资源化学	1
综合	航空服务艺术与管理	1	工科	数据科学	1
综合	国际法	1	艺术	美术教育	1
综合	未来机器人	1	艺术	音乐剧	1
综合	地球系统科学	1	医药	生物统计学	2
综合	电动载运工程	1	林业	国家公园建设与管理	1
综合	麻醉学	1	农业	生物育种科学	1
综合	智能体育工程	1			
综合	临床药学	1			

资料来源：2022年度普通高等学校本科专业备案和审批结果。

面对重点产业和社会需求的专业调整分析

● **生源：部分增设热门专业是报考"大热门"**

百度统计数据显示，2022年十大热度攀升专业中，高校增设的热门专业——人工智能位列第一，紧随其后的是数据科学与大数据技术、机械工程、电气工程及其自动化等专业（见表12-11）。值得一提的是，人工智能已经三度蝉联热度增幅最高专业。随着国民健康管理意识的提升，生物医学工程、健康服务与管理等相关专业也悉数上榜。总而言之，许多近年来本科高校增设的热门专业，也是考生报考热度较高的专业。

表12-11 2018~2022年百度热搜前5位高考热门专业

排序	2022年	2021年	2020年	2019年	2018年
1	人工智能	人工智能	人工智能	土木工程	电子商务
2	数据科学与大数据技术	通信工程	机器人工程	电子商务	人工智能
3	机械工程	土木工程	电子商务	工商管理	临床医学
4	电气工程及其自动化	数据科学与大数据技术	物联网工程	人工智能	心理学
5	临床医学	临床医学	数据科学与大数据技术	市场营销	金融学

资料来源：《百度热搜·高考大数据》。

二 撤销专业：围绕办学特色优化专业结构

2018~2022年本科院校撤销专业共计3030个，其中"双一流"院校撤销专业375个，地方本科院校撤销专业2655个。撤销专业主要是不适应经济社会发展要求的学科专业，一般具备社会需求较少、教学水平有限、生源不理想等特征，如专业存在以上特征之一就需要给予关注。这也要求高校在专业设置上回归理性，围绕办学定位、办学特色、办学条件等进行专业设置和调整，不断优化学科专业结构。

数据显示，信息管理与信息系统、公共事业管理等是近五年高校撤销较多的专业，分别有100所、97所本科高校撤销相关专业（见表12-12）。专业撤销原因一方面与专业的就业情况有关，比如公共事业管理专业，就业质量

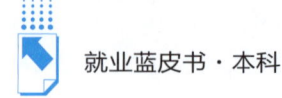

持续偏低；另一方面，专业整体的开设数量过多，比如信息管理与信息系统专业，近一半的本科院校开设了该专业。更多高校为了自己的发展需要，集中精力办好自己的优势专业，进而对专业进行了调整。

表 12-12　2018~2022 年撤销较多的本科专业

专业名称	"双一流"院校（个）	地方本科院校（个）	总计（个）	开设该专业院校数量（所）	开设该专业的院校占全部本科院校的比例（%）
信息管理与信息系统	3	97	100	576	45
公共事业管理	7	90	97	422	33
服装与服饰设计	6	64	70	283	22
产品设计	5	60	65	479	38
信息与计算科学	—	65	65	459	36
教育技术学	6	45	51	181	14
市场营销	12	39	51	795	63
电子信息科学与技术	5	44	49	279	22
广告学	4	42	46	337	27
工业设计	6	39	45	311	24
生物技术	2	38	40	367	29
网络工程	4	34	38	429	34
测控技术与仪器	1	37	38	280	22
自然地理与资源环境	3	31	34	92	7
社会工作	3	29	32	321	25
服装设计与工程	3	28	31	100	8
环境科学	1	28	29	233	18

资料来源：2018~2022 年度普通高等学校本科专业备案和审批结果，阳光高考网（数据截至 2020 年 12 月 31 日）。

（一）以区域发展为基础，做专业"瘦身"

陕西、江西裁撤专业力度最大。近年来各省（区、市）学科专业调整大动作不断，许多省份还建立了年度专业预警机制，并对每年的预警专业进行发布，以此作为地区高校专业优化调整的依据。近五年，撤销专业数量较多的省份是陕西、江西，其中江西省校均撤销1.6个专业，力度较大（见表12-13）。这两个省份撤销工商管理类、电子信息类、管理科学与工程类的专业较多，这或与当地高校类型和专业布点结构有关。

表12-13 2018~2022年各省（区、市）撤销专业情况

单位：个

省（区、市）	总计	2022年校均	2022年	2021年	2020年	2019年	2018年
陕西	299	1.0	58	105	47	42	47
江西	236	1.6	74	87	29	7	39
山东	195	1.2	86	37	43	18	11
浙江	162	0.7	42	51	28	22	19
云南	159	1.4	45	40	22	33	19
安徽	154	1.0	46	46	31	22	9
湖北	141	0.7	50	19	45	12	15
湖南	139	0.5	24	24	28	34	29
江苏	139	0.5	38	41	35	13	12
河南	132	0.8	48	34	31	6	13
山西	131	0.6	19	33	5	7	67
辽宁	121	1.0	61	37	10	6	7
广西	105	0.8	30	31	26	13	5
广东	104	0.4	30	28	6	17	23
吉林	100	0.6	22	26	14	24	14
四川	97	0.4	22	18	23	15	19
河北	92	0.5	32	14	17	18	11
北京	87	0.6	—	41	19	8	2	17
福建	74	0.6	22	26	7	9	10
重庆	56	0.5	14	10	23	3	6
内蒙古	54	1.2	21	20	5	4	4
贵州	52	1.2	35	6	—	11	—
天津	43	0.5	15	12	8	3	5
黑龙江	42	0.3	13	11	8	8	2

续表

省（区、市）	总计	2022年校均	2022年	2021年	2020年	2019年	2018年
甘肃	29	0.7	15	3	5	2	4
新疆	25	0.3	5	5	6	7	2
上海	24	0.3	12	7	2	3	—
青海	17	0.0	—	6	3	2	6
宁夏	15	0.5	4	8	—	2	1
西藏	4	0.3	1	—	1	2	—
海南	2	—	—	—	2	—	—

资料来源：2018~2022年度普通高等学校本科专业备案和审批结果。

（二）撤销专业的关键特征

● 就业：社会需求较少，就业质量低

以撤销数量较多的公共事业管理专业为例。数据显示，该专业2022届本科毕业生毕业半年后月收入为5313元，比管理学平均月收入（5843元）低530元；就业满意度为70%，比管理学平均（75%）低5个百分点；工作与专业相关度为53%，比管理学平均（67%）低14个百分点（见表12-14）。阳光高考网数据显示，截至2020年底，全国共有422个本科院校开设了该专业，其每年毕业生规模达到了18000~20000人，但就业显示出从事工作薪资较低、与专业无关工作比例高、就业满意度低等特点，整体就业质量偏低。

表12-14 公共事业管理专业2022届本科毕业生的就业情况

单位：元，%

指标	公共事业管理	管理学平均
月收入	5313	5843
就业满意度	70	75
工作与专业相关度	53	67

资料来源：麦可思-中国2022届大学毕业生培养质量跟踪评价。

● 办学：院校实力、特色等不足以支持相关专业开设

撤销重点在于优化专业结构。在过去五年，工科、非工科院校在撤销专业方面呈现不同特点。数据显示，工科院校的人文、社科、艺术类专业是撤销重点，五年撤销比例整体呈上升趋势，2022年达到44.3%（见图12-1）；而非工科院校的理工类专业是撤销重点，五年撤销比例整体上也呈上升趋势（见图12-2）。可以看到，不同类型院校在围绕学校办学实力、办学特色不断地优化调整专业，集中力量办好优势专业。

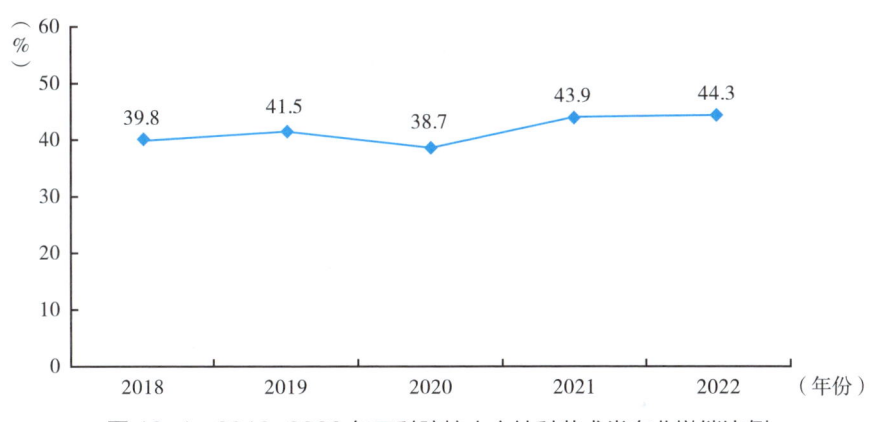

图 12-1　2018~2022 年工科院校人文社科艺术类专业撤销比例

注：人文、社科、艺术类专业包括哲学、经济学、法学、教育学、文学、历史学、管理学、艺术学。
数据来源：2018~2022 年度普通高等学校本科专业备案和审批结果。

图 12-2　2018~2022 年非工科院校理工类专业撤销比例

数据来源：2018~2022 年度普通高等学校本科专业备案和审批结果。

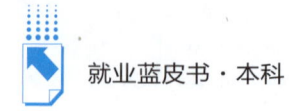

受办学实力、教学水平等限制，一些设置在非对口院校的专业或学科优势不明显的专业，就业质量较低。例如，撤销数量较多的专业中，工科院校的部分人文、社科、艺术类专业，以及非工科院校的部分理工类专业2022届本科毕业生的毕业去向落实率较低。以在工科院校设置的服装与服饰设计专业为例，其2022届本科毕业生毕业去向落实率为79.2%，低于非工科院校该专业平均值（85.7%），培养质量缺少优势；在工科院校设置的社会工作、公共事业管理专业，其毕业去向落实率也明显低于非工科院校这些专业的平均值（见表12-15）。

表12-15 工科院校的部分人文、社科、艺术类专业2022届本科毕业生的毕业去向落实率

单位：%

专业名称	工科院校该专业平均	非工科院校该专业平均
服装与服饰设计	79.2	85.7
社会工作	80.8	90.2
公共事业管理	81.3	88.3

资料来源：麦可思-中国2022届大学毕业生培养质量跟踪评价。

非工科院校设置的信息与计算科学专业，其2022届本科毕业生毕业去向落实率为78.5%，明显低于工科院校该专业平均（91.3%）；非工科院校设置的工业设计、网络工程专业，其毕业去向落实率也明显低于工科院校这些专业平均值（见表12-16）。

表12-16 非工科院校的部分理工类专业2022届本科毕业生的毕业去向落实率

单位：%

专业名称	非工科院校该专业平均	工科院校该专业平均
信息与计算科学	78.5	91.3
工业设计	83.3	91.4
网络工程	83.6	91.2

资料来源：麦可思-中国2022届大学毕业生培养质量跟踪评价。

● 生源：报考需求低，生源不足

专业吸引力低，社会对专业的认知度低导致报考热度不高，或布点过多致生源不足。多省市文件均提及将联动招生数据如专业的第一志愿报考率、学生报考集中度对专业进行预警。高校专业可能面临吸引力低、考生对专业的认知度低导致生源缺乏的问题。2021~2022学年的本科在校生反馈数据显示，撤销数量较多的专业中，部分专业在校生对本专业认同度较低。如公共事业管理、环境科学、社会工作，其专业认同度评分分别为2.78、2.80、2.86分，低于本科平均（3.04分）（见表12-17）。

另外，专业布点过多也会导致生源不足。撤销专业中的许多专业是曾经红极一时的热门专业，如市场营销，阳光高考网数据显示，截至2020年底，全国有63%的本科院校开设了该专业。

表12-17 撤销较多专业的在校生认同度

单位：分

专业名称	专业认同度评分
公共事业管理	2.78
环境科学	2.80
社会工作	2.86
本科平均	3.04

注：满分4分。
资料来源：部分高校2021~2022学年在校生跟踪评价。

三 启示：高校专业调整如何落实

完善学科专业设置的优化调整工作，需要统筹结构和质量的关系，多维度考虑推进机制、策略创新。《方案》提到，人力资源社会保障及有关行业部门要大力支持高校学科专业建设，建立健全人才预测、预警机制，建立人才需求数据库，及时向社会发布重点行业产业人才需求，对人才需求趋少的行业产业进行学科专业设置预警[①]。而对于各地区、各高校而言，研究制定学科专业改革实施方案也将是提升本地区、本校专业人才培养质量的关键工作。

高校学科专业的优化调整需要强化分类发展的办学理念，强调办学特色，同时需持续推动人才供需动态平衡。首先，需要分析学校对应国家战略、区域的产业发展以及用人单位的人才需求趋势，了解产业的发展以及人才需求情况，强调专业结构与产业结构联动发展；其次，需在综合考虑学校的办学能力和特色、生源、教学和就业质量等多方面因素的情况下，重点考察专业人才培养结果，关注毕业生就业和职业发展相关指标，对本校各专业的综合表现进行分析。相关分析可作为专业分类管理、优化资源配置和统筹发展方向的依据，以帮助学校更加紧密地对接国家战略、区域发展和产业升级变革需求，不断提高办学水平和人才培养质量。

参考文献

《教育部等五部门印发〈普通高等教育学科专业设置调整优化改革方案〉》，中华人民共和国教育部，2023-04-04。

2018~2022年度普通高等学校本科专业备案和审批结果，中华人民共和国教育部。

百度、中国教育在线:《百度热搜·高考大数据》，中国网，2022-05-31。

《"十四五"规划〈纲要〉名词解释之511战略性新兴产业》，中华人民共和国国家发展和改革委员会，2021-12-24。

---

① 《普通高等教育学科专业设置调整优化改革方案》，中华人民共和国教育部，2023-03-29。

附　录　技术报告

一　数据介绍

（一）评价覆盖面

2023 年度麦可思 - 全国大学毕业生跟踪评价分为以下三类。

1. 2022 届本科生毕业半年后培养质量的跟踪评价，于 2023 年 3 月初完成，全国本科生样本为 13.5 万人。覆盖了 428 个本科专业，覆盖了全国 30 个省、自治区和直辖市，覆盖了本科毕业生从事的 592 个职业、327 个行业。

2. 麦可思曾对 2019 届大学毕业生进行毕业半年后培养质量的跟踪评价（2020 年初完成，全国本科生样本约 12.6 万人）[1]，2022 年底对此全国样本进行了三年后的再次跟踪评价，全国本科生样本约 2.5 万人。覆盖了 380 个本科专业，覆盖了全国 30 个省、自治区和直辖市，覆盖了本科毕业生从事的 548 个职业、308 个行业。

3. 麦可思曾对 2017 届大学毕业生进行毕业半年后、三年后的跟踪评价，2022 年底对此全国样本进行了五年后的第三次跟踪评价，旨在通过更长的时间跨度观察毕业生的发展变化，全国本科生样本约 3.2 万人。覆盖了 366 个本科专业；覆盖了全国 30 个省、自治区和直辖市；覆盖了本科毕业生从事的 592 个职业、325 个行业。

---

[1] 王伯庆主编《2020 年中国本科生就业报告》，社会科学文献出版社，2020。

（二）评价对象

毕业半年后（2022届）、三年后（2019届）和五年后（2017届）的本科毕业生：包括"双一流"院校、地方本科院校的毕业生，不包括成人高等教育、军事院校和港澳台院校的毕业生。

（三）评价方式

分别向毕业半年后的2022届大学毕业生、毕业三年后的2019届大学毕业生和毕业五年后的2017届大学毕业生以电子邮件方式发放答题邀请函、问卷客户端链接，三类评价的问卷不同。答卷人回答问卷，答题时间为10~30分钟。

二 研究概况

（一）研究目的

1. 了解本科毕业生的就业状态及就业质量，发现满足社会需求方面存在的问题；
2. 了解本科毕业生的升学、灵活就业以及未就业的状况；
3. 了解本科毕业生的行业职业变迁、晋升、薪资增长情况；
4. 了解本科毕业生对母校的满意程度以及反馈。

（二）研究样本

本研究需提醒读者注意以下几点。

1. 答题通过电子问卷客户端实现，未被邀请的答题被视为无效。
2. 本研究对答题和未答题的样本进行了检验，没有发现存在自我选择性样本偏差问题（Self-selection Bias）[①]。

[①] 自我选择性样本偏差问题：是指调查中存在某类群体选择答题的概率和其他群体有明显不同。例如，可能存在就业的毕业生更容易选择参与答题，而没有就业的学生可能不愿意参加答题等。

附 录 技术报告

3. 对于样本中与实际比例的明显差异可能带来的统计误差，本研究采用权数加以修正（即对回收的全国总样本，基于学历、地区、院校类型、专业的实际分布比例进行再抽样）。再抽样后的样本分布与实际分布见附表1至表8，本科毕业生的实际分布比例来自中华人民共和国国家统计局网站。

附表1　2022届各区域本科毕业生样本人数分布与实际人数分布对比

单位：%

各区域	2022届本科毕业生样本人数比例	2022届本科毕业生实际人数比例
东部地区	38.5	38.5
中部地区	26.7	26.7
西部地区	25.4	25.4
东北地区	9.4	9.4

资料来源：麦可思-中国2022届大学毕业生培养质量跟踪评价，中华人民共和国国家统计局。

附表2　2022届各省份本科毕业生样本人数分布与实际人数分布对比

单位：%

省份	2022届本科毕业生样本人数比例	2022届本科毕业生实际人数比例
北京	2.6	2.8
天津	2.0	2.0
河北	4.9	4.7
山西	2.8	2.8
内蒙古	1.5	1.5
辽宁	3.8	3.8
吉林	2.7	2.7
黑龙江	2.9	2.9
上海	2.2	2.2
江苏	6.2	6.5
浙江	3.9	3.7
安徽	4.0	4.0
福建	2.9	2.9
江西	3.5	3.5
山东	6.3	6.3
河南	7.2	7.1

209

续表

省份	2022届本科毕业生样本人数比例	2022届本科毕业生实际人数比例
湖北	5.2	5.2
湖南	4.1	4.1
广东	7.4	6.8
广西	3.1	3.1
海南	<1.0	0.7
重庆	2.3	2.6
四川	5.9	5.5
贵州	2.1	2.1
云南	2.9	2.9
西藏	<1.0	0.1
陕西	4.2	3.9
甘肃	1.8	1.7
青海	<1.0	0.2
宁夏	<1.0	0.5
新疆	1.2	1.2

注：表中样本人数比例小于1.0%的数值均用"<1.0"表示，下同。
资料来源：麦可思－中国2022届大学毕业生培养质量跟踪评价，中华人民共和国国家统计局。

附表3　2022届各学科门类本科毕业生样本人数分布与实际人数分布对比

单位：%

本科学科门类	2022届本科毕业生样本人数比例	2022届本科毕业生实际人数比例
工学	34.3	33.7
管理学	17.7	17.8
文学	9.6	9.8
艺术学	9.5	9.6
医学	7.2	7.0
理学	6.0	6.4
经济学	5.3	5.5
教育学	4.5	4.6
法学	3.9	3.5
农学	1.7	1.6

续表

本科学科门类	2022 届本科毕业生样本人数比例	2022 届本科毕业生实际人数比例
历史学	<1.0	0.4
哲学	<1.0	0.1

资料来源：麦可思－中国 2022 届大学毕业生培养质量跟踪评价，中华人民共和国国家统计局。

附表 4　2019 届各区域本科生毕业三年后样本人数分布与实际人数分布对比

单位：%

各区域	2019 届本科毕业三年后样本人数比例	2019 届本科毕业生实际人数比例
东部地区	39.2	39.1
中部地区	26.2	26.1
西部地区	24.0	24.3
东北地区	10.6	10.5

资料来源：麦可思－中国 2019 届大学毕业生三年后职业发展跟踪评价，中华人民共和国国家统计局。

附表 5　2019 届各省份本科生毕业三年后样本人数分布与实际人数分布对比

单位：%

省份	2019 届本科生毕业三年后样本人数比例	2019 届本科毕业生实际人数比例
北京	3.5	3.2
天津	2.9	2.1
河北	4.6	4.3
山西	3.0	3.0
内蒙古	1.9	1.5
辽宁	3.6	4.3
吉林	3.4	3.0
黑龙江	3.6	3.2
上海	2.6	2.3
江苏	7.5	6.6
浙江	2.8	3.8
安徽	4.6	4.1
福建	3.2	3.1
江西	2.6	3.2
山东	4.4	6.1
河南	5.3	6.2

续表

省份	2019届本科生毕业三年后样本人数比例	2019届本科毕业生实际人数比例
湖北	7.1	5.3
湖南	3.6	4.3
广东	7.0	6.9
广西	2.8	2.7
海南	<1.0	0.7
重庆	3.1	2.8
四川	5.8	5.3
贵州	1.5	1.7
云南	2.0	2.5
西藏	<1.0	0.2
陕西	4.1	4.1
甘肃	1.8	1.8
青海	<1.0	0.2
宁夏	<1.0	0.5
新疆	<1.0	1.0

资料来源：麦可思－中国2019届大学毕业生三年后职业发展跟踪评价，中华人民共和国国家统计局。

附表6　2019届各学科门类本科生毕业三年后样本人数分布与实际人数分布对比

单位：%

本科学科门类	2019届本科生毕业三年后样本人数比例	2019届本科毕业生实际人数比例
工学	35.6	34.0
管理学	18.9	18.1
艺术学	11.3	9.8
文学	8.8	9.3
理学	6.8	7.0
医学	5.7	6.4
经济学	5.0	5.8
教育学	3.3	3.7
法学	2.2	3.5
农学	1.8	1.8
历史学	<1.0	0.5
哲学	<1.0	0.1

资料来源：麦可思－中国2019届大学毕业生三年后职业发展跟踪评价，中华人民共和国国家统计局。

附录 技术报告

附表7 2017届各区域本科生毕业五年后样本人数分布与实际人数分布对比

单位：%

各区域	2017届本科生毕业五年后样本人数比例	2017届本科毕业生实际人数比例
东部地区	38.8	39.0
中部地区	26.4	26.1
西部地区	23.9	24.0
东北地区	10.9	10.9

资料来源：麦可思－中国2017届大学毕业生五年后职业发展跟踪评价，中华人民共和国国家统计局。

附表8 2017届各学科门类本科生毕业五年后样本人数分布与实际人数分布对比

单位：%

本科学科门类	2017届本科生毕业五年后样本人数比例	2017届本科毕业生实际人数比例
工学	35.1	33.4
管理学	17.4	18.3
艺术学	10.3	9.6
文学	10.1	9.6
理学	7.7	7.3
经济学	4.8	5.8
医学	4.3	6.3
教育学	3.9	3.7
法学	3.7	3.6
农学	2.0	1.8
历史学	<1.0	0.5
哲学	<1.0	0.1

资料来源：麦可思－中国2017届大学毕业生五年后职业发展跟踪评价，中华人民共和国国家统计局。

致　谢

　　《2023年中国本科生就业报告》是麦可思出版的第 15 部"就业蓝皮书"，本报告进一步对内容、结构、体例做出完善，以数据和图表来呈现分析结果，读者可以从自己的专业角度对某一数据或图表背后的因果关系进行深度解读。

　　特别感谢帮助完善本年度报告的高等教育管理者和研究者，在此不一一具名。报告中所有的错误由作者唯一负责。感谢读者阅读本报告。限于篇幅，报告仅提供部分数据，如需了解更详细的内容，请联系作者（research@mycos.com）。

社会科学文献出版社

皮 书

智库成果出版与传播平台

❖ 皮书定义 ❖

皮书是对中国与世界发展状况和热点问题进行年度监测,以专业的角度、专家的视野和实证研究方法,针对某一领域或区域现状与发展态势展开分析和预测,具备前沿性、原创性、实证性、连续性、时效性等特点的公开出版物,由一系列权威研究报告组成。

❖ 皮书作者 ❖

皮书系列报告作者以国内外一流研究机构、知名高校等重点智库的研究人员为主,多为相关领域一流专家学者,他们的观点代表了当下学界对中国与世界的现实和未来最高水平的解读与分析。截至2022年底,皮书研创机构逾千家,报告作者累计超过10万人。

❖ 皮书荣誉 ❖

皮书作为中国社会科学院基础理论研究与应用对策研究融合发展的代表性成果,不仅是哲学社会科学工作者服务中国特色社会主义现代化建设的重要成果,更是助力中国特色新型智库建设、构建中国特色哲学社会科学"三大体系"的重要平台。皮书系列先后被列入"十二五""十三五""十四五"时期国家重点出版物出版专项规划项目;2013~2023年,重点皮书列入中国社会科学院国家哲学社会科学创新工程项目。

皮书网

（网址：www.pishu.cn）

发布皮书研创资讯，传播皮书精彩内容
引领皮书出版潮流，打造皮书服务平台

栏目设置

◆ 关于皮书

何谓皮书、皮书分类、皮书大事记、
皮书荣誉、皮书出版第一人、皮书编辑部

◆ 最新资讯

通知公告、新闻动态、媒体聚焦、
网站专题、视频直播、下载专区

◆ 皮书研创

皮书规范、皮书选题、皮书出版、
皮书研究、研创团队

◆ 皮书评奖评价

指标体系、皮书评价、皮书评奖

◆ 皮书研究院理事会

理事会章程、理事单位、个人理事、高级
研究员、理事会秘书处、入会指南

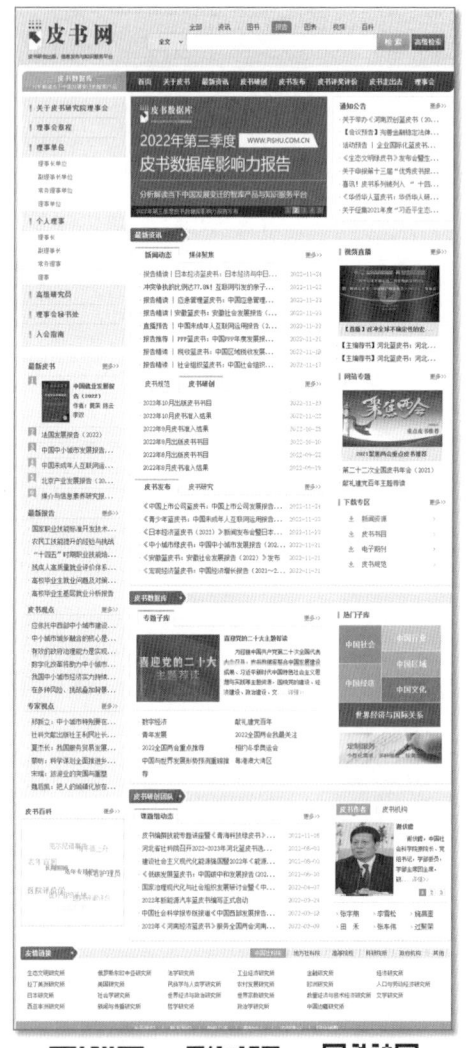

所获荣誉

◆ 2008 年、2011 年、2014 年，皮书网均在全国新闻出版业网站荣誉评选中获得"最具商业价值网站"称号；

◆ 2012 年，获得"出版业网站百强"称号。

网库合一

2014 年，皮书网与皮书数据库端口合一，实现资源共享，搭建智库成果融合创新平台。

皮书网　　"皮书说"微信公众号　　皮书微博

权威报告·连续出版·独家资源

皮书数据库
ANNUAL REPORT(YEARBOOK) DATABASE

分析解读当下中国发展变迁的高端智库平台

所获荣誉

- 2020年，入选全国新闻出版深度融合发展创新案例
- 2019年，入选国家新闻出版署数字出版精品遴选推荐计划
- 2016年，入选"十三五"国家重点电子出版物出版规划骨干工程
- 2013年，荣获"中国出版政府奖·网络出版物奖"提名奖
- 连续多年荣获中国数字出版博览会"数字出版·优秀品牌"奖

皮书数据库　　"社科数托邦"微信公众号

成为用户

登录网址www.pishu.com.cn访问皮书数据库网站或下载皮书数据库APP，通过手机号码验证或邮箱验证即可成为皮书数据库用户。

用户福利

- 已注册用户购书后可免费获赠100元皮书数据库充值卡。刮开充值卡涂层获取充值密码，登录并进入"会员中心"—"在线充值"—"充值卡充值"，充值成功即可购买和查看数据库内容。
- 用户福利最终解释权归社会科学文献出版社所有。

数据库服务热线：400-008-6695
数据库服务QQ：2475522410
数据库服务邮箱：database@ssap.cn
图书销售热线：010-59367070/7028
图书服务QQ：1265056568
图书服务邮箱：duzhe@ssap.cn

社会科学文献出版社　皮书系列
卡号：492897827378
密码：

S 基本子库
SUB DATABASE

中国社会发展数据库（下设12个专题子库）

紧扣人口、政治、外交、法律、教育、医疗卫生、资源环境等12个社会发展领域的前沿和热点，全面整合专业著作、智库报告、学术资讯、调研数据等类型资源，帮助用户追踪中国社会发展动态、研究社会发展战略与政策、了解社会热点问题、分析社会发展趋势。

中国经济发展数据库（下设12专题子库）

内容涵盖宏观经济、产业经济、工业经济、农业经济、财政金融、房地产经济、城市经济、商业贸易等12个重点经济领域，为把握经济运行态势、洞察经济发展规律、研判经济发展趋势、进行经济调控决策提供参考和依据。

中国行业发展数据库（下设17个专题子库）

以中国国民经济行业分类为依据，覆盖金融业、旅游业、交通运输业、能源矿产业、制造业等100多个行业，跟踪分析国民经济相关行业市场运行状况和政策导向，汇集行业发展前沿资讯，为投资、从业及各种经济决策提供理论支撑和实践指导。

中国区域发展数据库（下设4个专题子库）

对中国特定区域内的经济、社会、文化等领域现状与发展情况进行深度分析和预测，涉及省级行政区、城市群、城市、农村等不同维度，研究层级至县及县以下行政区，为学者研究地方经济社会宏观态势、经验模式、发展案例提供支撑，为地方政府决策提供参考。

中国文化传媒数据库（下设18个专题子库）

内容覆盖文化产业、新闻传播、电影娱乐、文学艺术、群众文化、图书情报等18个重点研究领域，聚焦文化传媒领域发展前沿、热点话题、行业实践，服务用户的教学科研、文化投资、企业规划等需要。

世界经济与国际关系数据库（下设6个专题子库）

整合世界经济、国际政治、世界文化与科技、全球性问题、国际组织与国际法、区域研究6大领域研究成果，对世界经济形势、国际形势进行连续性深度分析，对年度热点问题进行专题解读，为研判全球发展趋势提供事实和数据支持。

法律声明

"皮书系列"(含蓝皮书、绿皮书、黄皮书)之品牌由社会科学文献出版社最早使用并持续至今,现已被中国图书行业所熟知。"皮书系列"的相关商标已在国家商标管理部门商标局注册,包括但不限于LOGO( )、皮书、Pishu、经济蓝皮书、社会蓝皮书等。"皮书系列"图书的注册商标专用权及封面设计、版式设计的著作权均为社会科学文献出版社所有。未经社会科学文献出版社书面授权许可,任何使用与"皮书系列"图书注册商标、封面设计、版式设计相同或者近似的文字、图形或其组合的行为均系侵权行为。

经作者授权,本书的专有出版权及信息网络传播权等为社会科学文献出版社享有。未经社会科学文献出版社书面授权许可,任何就本书内容的复制、发行或以数字形式进行网络传播的行为均系侵权行为。

社会科学文献出版社将通过法律途径追究上述侵权行为的法律责任,维护自身合法权益。

欢迎社会各界人士对侵犯社会科学文献出版社上述权利的侵权行为进行举报。电话:010-59367121,电子邮箱:fawubu@ssap.cn。

社会科学文献出版社